唐朝没有小人物

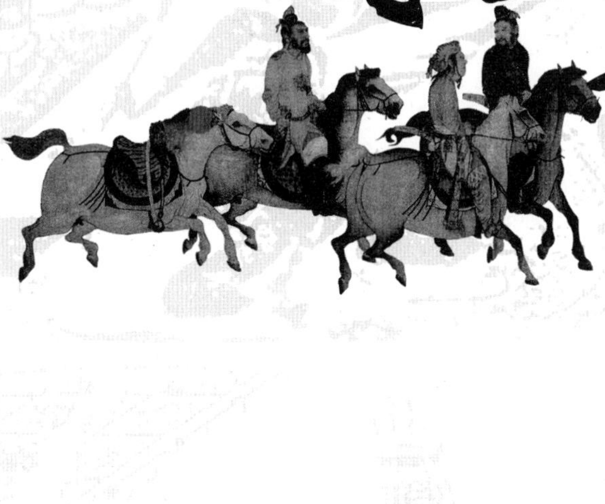

梁知夏君——著

万卷出版有限责任公司
VOLUMES PUBLISHING COMPANY

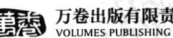

图书在版编目（CIP）数据

唐朝没有小人物 / 梁知夏君著. -- 沈阳：万卷出版有限责任公司，2025.4
ISBN 978-7-5470-6443-6

Ⅰ.①唐… Ⅱ.①梁… Ⅲ.①中国历史－唐代－通俗读物 Ⅳ.①K242.09

中国国家版本馆CIP数据核字(2024)第008769号

出 品 人：王维良
出版发行：万卷出版有限责任公司
　　　　　（地址：沈阳市和平区十一纬路29号　邮编：110003）
印 刷 者：北京中科印刷有限公司
经 销 者：全国新华书店
幅面尺寸：145mm×210mm
字　　数：300千字
印　　张：10
出版时间：2025年4月第1版
印刷时间：2025年4月第1次印刷
责任编辑：胡　利
责任校对：刘　璠
装帧设计：果　丹
ISBN 978-7-5470-6443-6
定　　价：54.00元
联系电话：024-23284090
传　　真：024-23284448

常年法律顾问：王　伟　版权所有　侵权必究　举报电话：024-23284090
如有印装质量问题，请与印刷厂联系。联系电话：010-69590320-8303

自　序

大概是天生对数理化理解无能的缘故,为了不让自己看上去那么一无是处,我把所有的热情都奉献给了文科,尤其以历史最让我痴迷。在数学课上偷看《三国演义》打发时间,成了我学生时代经常做的事情。

读《三国演义》时,我最讨厌吕蒙,一出"白衣渡江"让"威震华夏"的关羽败走麦城,"三造大汉"化为泡影。所以,我看《三国演义》的时候,读到关羽败走麦城的章回后就意兴阑珊,越往后看越觉得没意思。

这种兴趣断崖式下降的情况,还出现在我读唐代相关历史的时候。虽然知道王朝更迭、盛极转衰是难以避免的周期规律,但我内心深处还是无法接受这样的伟大王朝会以那么狼狈、悲怆的方式成为历史的一页。

所以,在读到大唐由盛转衰的"安史之乱"后,我便不再抱有期待,如果不是为了写出这本书,只怕我一个字也不会看下去。

隋末群雄的逐鹿九州,盛唐时期的万邦来朝,这些历史即便是隔了千年的时光,读来仍让人热血沸腾。隋末的舞台不仅属于李世民这样的"主角",还属于窦建德、李密、王世充、宇文化及等乱世枭雄。

王世充、宇文化及之流没什么好说的,脸谱化的大坏蛋,放在网文小说里都是用来给主角团刷经验值的NPC,但窦建德和李密就不一样了。

窦建德农民出身,在极其看重门阀世家的隋唐,居然能用人格魅力把包括孔子后裔在内的一众世家子弟和读书人笼络麾下。

李密关陇贵族出身,论血缘纯度,跟李渊有得一拼,两家祖上都是西魏八柱国之一。可偏偏这样一个贵族子弟,却跑去跟走投无路的农民混在一起,最后还混成了瓦岗军的造反头子。

何其有趣!何其荒诞!虽然窦建德和李密最终都败给了李世民,但他们却也给历史留下了不少传奇故事。

接下来,就是唐的纪元开始了。唐高祖李渊是幸福的,因为他有个战无不胜、攻无不克的好儿子;但李渊又是不幸的,因为这个儿子功劳太大了,可偏偏只能排第二,上头偏偏有个存在感不高的大哥——太子李建成。

讲到这里,唐朝第一个皇室喋血事件就呼之欲出了——玄武门之变。

蓄意篡位也好,正当防卫也罢,总之李世民踩着大哥和四弟的尸体,成为了大唐的九五至尊。而跟着李世民的部下们也以"从龙之功"各自加官进爵,并跟着李世民一起打造出了名垂千古的"贞观之治"。

盛唐的故事实在是太美好了,所以影视作品特别喜欢拍这一时间段的故事。受到不严谨影视剧的影响,很多历史人物在现代人视角下已经变得面目全非。

比如程咬金,这分明是个智商在线的人物,可绝大多数人都觉得他是个憨憨；比如魏徵，大家都觉得李世民对魏徵言听计从，却不知道魏徵死后一度被李世民推倒墓碑，连女儿都不肯嫁给魏徵儿子了……

盛唐的故事太多了，传奇的人物也扎堆出现，以至于像王玄策这样"一人灭一国"的存在，都不值得唐史专门为他开个人物传记。

再说说中唐和晚唐。"渔阳鼙鼓动地来，惊破霓裳羽衣曲"。安史之乱的爆发，让"几代不识兵戈"的大唐子民措手不及，其实安史之乱本该避免的，因为大部分人都知道安禄山必反，只有唐玄宗李隆基不知道。

不知道也就算了，当有人冒着生命危险告诉李隆基的时候，这位仁兄居然二话不说，就把对方绑了送到安禄山处。

于是，所有人都沉默了，大家只能眼睁睁看着安禄山做好所有准备后悍然起兵。历史教科书上说，安史之乱是大唐由盛转衰的标志。而这十几个字的背后，是血流成河、饿殍遍野、生灵涂炭。

皇室喋血、奸臣当道、藩镇攻伐、神州陆沉……安史之乱后的大唐就像是一辆失控的战车，虽然不断有人试图去阻止它越飙越快，但最终还是只能看着它以极其惨烈的方式撞在历史的南墙上粉身碎骨。

盛唐有多花团锦簇，中晚唐就有多苍凉悲戚，但一些人的出现却让中晚唐晦暗的天空中多了几点星芒。

他是孤臣守孤城的张巡、他是白首陌刀的郭昕、他是七十五岁慨然赴死的颜真卿、他是万里归长安的张议潮……明知不可为而为之，这是我不得不读中晚唐历史，也是我必须要将这些人物写出来的原因。

上述提到的人物，只是《唐朝没有小人物》中收录的一小部分，剩下的内容留待各位看官赏光阅读。虽然已经出过两本书，但是在历史领域，我还只是个初出茅庐的小透明，虽然极力基于正史记载挖掘人物故事，丰满人物形象，但肯定会有诸多不足之处，还请诸位海涵。

在最后的最后，请允许我斗胆说一句：欢迎来到历史的回廊，接下来请允许我向诸位介绍教科书之外的大唐风华。

梁知夏君

目录

》 卷一 风起隋末

窦建德　如果不是李世民，应该是我赢 / 002

李　密　大唐创业公司，必须有我的股份 / 014

平阳昭公主　唯一用军礼下葬的女将军，不接受反驳 / 025

王君廓　小人的发家史 / 032

》 卷二 盛唐气象

阎立本　被画画耽误的大唐宰相 / 042

魏　徵　我被李世民推倒墓碑，我委屈 / 049

尉迟敬德　作为大唐的最强猛将，我差点就飘起来了 / 060

程咬金　我才不是"憨憨"，我聪明着呢 / 072

义成公主　回不去的大隋 / 081

薛仁贵　我就是"薛丁山"的名将爸爸 / 090

王玄策　什么叫"一人灭一国" / 101

太平公主　我妈是武则天 / 109

》卷三　渔阳鼓声

杨思勖	大唐最强太监就是我 /120
崔颢	李白自己承认不如我的 /128
李亨	被嫌弃的唐肃宗的一生 /137
哥舒翰	我是被唐玄宗坑死的 /149
张光晟	一个很传奇的小人物 /161
张巡	孤臣守孤城，功过后人评 /171
颜真卿	我在七十五岁那年壮烈殉国 /182

》卷四　帝国暮年

李泌	他们都说我是大唐的陆地神仙 /194
薛涛	中唐最顶流的国民女神 /206
郭昕	白首老兵，铁血陌刀 /214
李德裕	什么叫最完美的君臣组合 /221
李忱	从"傻子"到"小太宗" /232
武元衡	一个在长安街头被刺客斩首的宰相 /243
张议潮	星星之火可以燎原 /254

》卷五　大唐挽歌

黄巢	我基本要了大唐的命 /264
韦庄	一个跳槽最成功的大唐基层公务员 /275
朱温	就是我要了大唐的命 /284
李存勖	五代十国差点被我统一了 /297

卷一

风起隋末

窦建德

如果不是李世民，应该是我赢

唐大和三年（829年），一个名叫殷侔的大唐基层公务员在路过一座庙宇的时候，看到这座庙宇所供奉的并非哪路神仙，而是已经殒命两百余年、大唐帝国的手下败将——窦建德。

"窦建德"这个名字让他所辖旧地的百姓怀念了两百余年，其庙宇香火鼎盛，未有断绝。

殷侔在听闻其人其事后也感慨良多，百感交集的他在窦建德的庙宇中留下了一篇碑文，其中有一句话意味深远：

"自建德亡，距今已久远。山东、河北之人，或尚谈其事，且为之祀，知其名不可灭，而及人者存也。"

两百余个春秋更迭，曾经建立不朽功勋的大唐帝国也走到了黄昏日暮；窦建德这个本该湮没在历史尘埃中的名字，却像是一颗孤独而又明亮的星辰，孤傲地悬在大唐的星空里。追溯窦建德的一生，我们也感慨良多，这位连对手的官方史书都不忍抹黑的人物，究竟有什么样的故事呢？

如果能有机会，我想窦建德一定有话要讲："能征善战，又得人心的我，如果不是遇到了主角光环的李世民，我觉得我可以一统天下。"

一

对于隋末唐初那段混乱历史时期的起义军来说，和李世民身处一个时代，是他们最大的悲哀。李世民仿佛天生就是为了来终结乱世、开创盛世的，连他的父亲李渊也不得不惊叹于李世民的军功，以至于他不得不在大唐现行官僚体系中专门为李世民量身定做了一个位列三公之上的官职——天策上将。

李世民一生军功中最耀眼的标志性战果，莫过于他在武德四年（621年）同时消灭了王世充和窦建德这两股势力，瓦解了三足鼎立之势，使天下归唐成了铁板钉钉的事情。

王世充败得一点儿也不冤枉，因为这位仁兄符合所有失败者的标签，如篡逆弑主、暴虐好杀、胸无大志等。程咬金、秦叔宝等当世名将都是因为王世充本人的缘故而选择另投明主。

窦建德却不一样，即便是大唐的官修史书也对窦建德不吝溢美之词，这位仁兄符合所有成功者的特质，用《旧唐书》中的话来说："建德义伏乡闾，盗据河朔，抚驭士卒，招集贤良。"

在礼崩乐坏的隋末乱世，能做到礼贤下士、与民休息、忠孝治军的，看来看去整个隋末乱世枭雄中似乎也就只有窦建德一人能做到了。

为了更好地了解如此复杂的人物，让我们回到一千多年前的隋炀帝大业年间，以职业农民窦建德的视角，重新审视那已经烽烟滚滚、乱成一锅粥的大隋末世。

窦建德的经历本和汉高祖刘邦大致相同。刘邦是亭长，窦建德是里长；刘邦因不愿送劳役去骊山而决定起义，窦建德也因为不愿募集兵士去征讨高句丽而决定起义。

但窦建德和刘邦不一样的是，窦建德是个人品很好的职业农民，在没起义前就因为乐善好施而得到乡人的认可。窦建德曾因听闻乡人家贫无法安葬父母，便如及时雨般送去财物；窦建德的父亲过世以后，乡民送葬者一千余人，而他却丝毫未收取乡民谢礼。

> 尝有乡人丧亲，家贫无以葬，时建德耕于田中，闻而叹息，遽辍耕牛，往给丧事，由是大为乡党所称。初，为里长，犯法亡去，会赦得归。父卒，送葬者千余人，凡有所赠，皆让而不受。
> ——《旧唐书·窦建德传》

如此人物和当时乱世形成了强烈的反差，这让窦建德在唯利是图、尔虞我诈的乱世里收获了第一拨"铁粉"。所以，当职业农民窦建德丢掉了手上的锄头，选择在一个名为高鸡泊[1]的湖沼泽国上起义的时候，就注定他能很快脱颖而出，成为农民起义军的顶流。

二

窦建德最开始的创业团队底子很薄，因为他是完完全全的农民出身。他没有如王世充、李渊般自带的政治资本，也没有翟让、李密等率领的农民起义军的先发优势，在草莽流寇满天下的隋末乱世，窦建德只有几百人的水寇班底，实在是不够看。可偏就是这样一个四面楚歌的窦建德却硬生生地在绝境中撕开了一个生的口子，并很

---

[1] 高鸡泊，今河北故城县西南。

快做大做强，成为造反势力中的夺冠热门。

其实，窦建德的成功秘诀只有一个字——义。

"义"是个虚无缥缈的东西，绝大多数情况下，它只存在于人们的口中，如"子曰"般耳熟能详，却似乎无甚大用。

但往往在乱世来临之际、生灵涂炭之时，义却总能爆发出扭转乾坤的力量，在人人以不义的行为横行天下的时候，拥有义的人往往能够所向披靡。

虽然从结局来看，窦建德是个失败者，但我们不得不承认的是，他是个有大义的好人。

窦建德扩大势力的方式其实很简单，在朝不保夕的乱世争霸中，人人都知道高鸡泊里有位礼贤下士爱民如子的贤主。在很短的时间里，窦建德的队伍便从最初的几百人迅速扩充到了万余人。

高士达作为窦建德早期最重要的合伙人，他是个很典型的农民起义军将领，阶级的局限性让他每每与隋军交战取得小胜后就肆意纵酒狂欢，而心怀天下的窦建德则一边韬光养晦，一边倾己所有地犒赏军士，更是与军士同甘共苦，和军士一起执勤，让原本松散的农民起义军内部空前团结。

> 每倾身接物，与士卒均执勤苦，由是能致人之死力。
> ——《旧唐书·窦建德传》

隋大业十二年（616年），大隋"救火队长"杨义臣在解决完起义军张金称势力后掉转枪头，迅速向高士达、窦建德扑来，而自以为很能打的高士达非但没有听从窦建德避其锋芒的建议，反而沉浸在自己小胜的快乐中无法自拔，组织了蚍蜉撼树的愚蠢反抗，旋即被剿匪急先锋的杨义臣当场斩杀。

高士达和张金称等人的死在某种意义上成全了窦建德，原本属于他们的兵士无处可去，尽数投靠了窦建德，而原本只能算二号人物的窦建德也在老大哥相继被杀后，顺理成章地成了起义军旧部的带头大哥。

后世人在评说窦建德的时候，都会提到这是位胸无大志的好人，更有人说窦建德不适合在乱世生存，但其实史书中的一句话就足可以证明窦建德并非一般的"泥腿子"。相反，从准备起义开始，这位职业农民便在心中建立了一个完整的政治体系，他此后的每一步都在朝着他心中的帝国前进。

初，群盗得隋官及山东士子，皆杀之，唯建德每获士人，必加恩遇。

——《旧唐书·窦建德传》

史书中的这句话是窦建德区别于其他农民起义军首领的强力佐证。从一开始窦建德就知道，治天下和打天下一样重要，打天下也许可以靠手下那些胸无点墨的流民，但要想稳坐天下，还得靠饱读诗书、胸怀韬略的士族和隋朝官员。

如李渊、王世充等人从起兵伊始便有自己的团队，文臣武将一应俱全，但窦建德则完全是靠着自己的人格魅力在乱世中招贤纳士，并成功吸引了一批又一批不错的人才，其中最具有代表性的莫过于孔德绍。

孔德绍的身份很特殊，他是孔子的第三十四代孙，这样的圣人后裔甘愿跟随窦建德这样农民出身的起义军首领，足以说明窦建德在当时士族心中的地位了。

三

窦建德的战绩也很耀眼，虽然没有很拿得出手的名将，但他在与隋军作战的过程中也展现出了不俗的军事素养。大隋名将薛世雄曾引兵三万前来剿灭，窦建德巧用河泽藏匿数千精兵，独留空城，诱敌深入，最后亲率一千死士强袭薛世雄军阵，在缥缈晨雾的隐蔽之下，薛世雄军几乎全军覆没，薛世雄在不久之后羞愧、忧愤而死。

不要觉得薛世雄是个名不见经传的将领。薛世雄先后跟吐谷浑、突厥和高句丽打得有来有往，绝非浪得虚名之辈，他还有三个很有名的儿子——大唐名将薛万淑、薛万均、薛万彻。

但就是这样一位世代将门的当世名将，被窦建德给打得丢盔弃甲，断送了一世英名。

除了打败薛世雄之外，窦建德还曾在武德二年（619年）攻打相州时击溃了李渊的堂弟——淮安王李神通，并在不久后的黎阳之战中生擒了李神通、徐世勣，以及李渊的胞妹同安长公主。

不过和李渊好杀俘虏不一样的是，窦建德展现出了远超一般人的心胸气度。窦建德对投降者和俘虏的态度取决于此人的秉性和为人，而这也足可以反映其内心真正追求的是什么。

窦建德是个很矛盾的人，他虽然选择了造反，但又没有抛弃自己的隋民身份，依然认可大隋正朔的地位，所以当他在攻打河间城时，听闻隋炀帝的死讯后,特意派遣使者前往城中吊唁。

河间城长官王琮是让窦建德头疼了很久的硬骨头,为了攻下河间城,窦建德损兵折将无数,但当王琮开城投降的时候,面对一众要杀之而后快的臣下,窦建德说出了这样一番话:"从前落草为寇的时候,也许可以胡乱杀人;而今要想平定天下,安抚百姓,如王琮这样忠君报国的忠良之辈怎么可以随意杀害呢?"

> 麾下或言:"河间久拒守,多杀士,今力穷而下,请烹之。"建德曰:"琮,谊士也,吾方旌擢以励事君者。且往为盗,可妄杀人,今将安百姓,定天下,而害忠臣乎?"
> ——《新唐书·窦建德传》

因为王琮是忠臣义士,所以不能杀。这并非窦建德虚情假意,因为他在得知俘虏徐世勣丢下老父亲开溜的时候,他非但没有杀了徐父泄愤,反而为徐世勣开脱:"徐世勣本为唐臣,被俘也不愿背叛旧主,这是个忠臣义士。"

> 三年,世勣自拔归国,吏白建德诛其父,建德曰:"臣勣,唐臣,不忘其主,忠也。父何罪?"释不问。
> ——《新唐书·窦建德传》

而面对杀了滑州刺史王轨、提头投靠的王家奴仆,窦建德则给出了截然不同的回答:"以奴弑主大逆不道,如此奸佞怎能收留?"

> 滑州刺史王轨为奴所杀,奴以首奔建德,建德曰:"奴杀主,

> 大逆。纳之不可不赏，赏逆则废教，将焉用为？"
>
> ——《新唐书·窦建德传》

窦建德就是这样一个执着于"忠义"二字的人，不屑于阴谋和名利，比之奸诈的王世充、弑杀的李渊，形象光辉太多。

四

均分财物、不好奢靡、不事铺张、不近女色、与民休息等都是隋末乱世中独属于窦建德的标签。倘若生非乱世，窦建德一定会是名垂千古的英主。

> 建德每平城破阵，所得资财，并散赏诸将，一无所取。又不啖肉，常食唯有菜蔬、脱粟之饭。其妻曹氏不衣纨绮，所使婢妾才十数人。至此，得宫人以千数，并有容色，应时放散。得隋文武官及骁果尚且一万，亦放散，听其所去。
>
> ——《旧唐书·窦建德传》

都说历史是胜利者书写的，但其实真正的历史是由百姓书写的。时隔两百年后还有人记得窦建德，记得他曾经的恩义，这表明窦建德其实已经是一个胜利者了。

可窦建德这样一个近乎完美的人怎么就败了呢？而且他的失败来得很突然，以至于功亏一篑，转眼霸业成空。

固然窦建德所面对的对手很强，他是华夏五千年以来都难有匹敌的唐太宗李世民。但从窦建德自身的角度来讲，这位隋末英豪也有着致命的缺陷。

窦建德本质上是个随大流的人，他没有李世民的乾坤独断，也没有李世民的明察秋毫，更没有李世民的用兵如神，所以当众口铄金的时候，他无法做出力挽狂澜的判断，更多时候是跟随大多数人引导的方向，做出了错误的选择。

最典型的例子莫过于王伏宝和宋正本这两人的死了。正史上对于这两个人物的死都有着耐人寻味的记载，作为窦建德麾下难得的人才，大将王伏宝是因为战功卓著遭众人嫉妒及诬陷，被窦建德下令处死；文臣代表的宋正本也是因为敢于直谏而遭人谗言，被窦建德下令处死。

史书上对于王伏宝和宋正本的死，有这样两句话：王伏宝死后，"既杀之，后用兵多不利"；宋正本死后，"后人以为诫，无复进言者，由此政教益衰"。

随着王伏宝和宋正本被杀，窦建德的鸿图霸业也渐渐成了梦幻泡影。

在人生的最后一战里，"随大流"的致命缺陷更是直接导致窦建德一战而败，并用自己被生擒的方式，成全了李世民"天策上将"的不朽战功……

唐武德三年（620年），李世民正式向盘踞洛阳的王世充发起进攻，而早已尽失人心的王世充在走投无路之际，用"唇亡齿寒"的道理向自己的敌人——窦建德求救。

早就想跟李唐与王世充一决雌雄的窦建德刚刚清除孟海公匪患，气势大胜的他当然也不愿放过这次"天赐良机"，迅速带着霍霍杀气，朝着命中该绝之地——虎牢关迈进了。

虎牢关之战的结局已经清楚地记录在了史书上：窦建德被生擒，王世充开城投降，天下归于李唐成为定局。在虎牢关之战中窦建德对谋士凌敬的行为表现，成了他最终败北的关键。

凌敬不是浪得虚名之辈，他曾在窦建德行军受阻后提出了一个计划：不直接与李唐主力军发生正面冲突，而是以全力渡过黄河，直取怀州、河阳；然后大张旗鼓造势，先虚后实，过太行山入上党郡，兵锋直指壶口、蒲津之地，最终达到尽收河东的战略目的。

凌敬的战略是很高明的，用他的话来讲，这一战略的好处有三点：第一，唐军主力尽在洛阳城下，攻打怀州、河阳等地对于窦建德来说如入无人之境；第二，窦建德势力也能在攻城略地中不断扩张领土，充实兵源；第三，唐军的战略压力会与日俱增，最终不得不放弃包围洛阳城，王世充之困也能就此化解。

如果窦建德真的按照凌敬的战略去做的话，至少在虎牢关之战中不会被李世民生擒活捉。但历史没有那么多如果，最终的结果就是窦建德听从了众将的污蔑之言，将凌敬的计策定性为"书生之言"，和当初众将污蔑大将王伏宝一样，任凭凌敬如何据理力争，也终究没能让窦建德回心转意。

窦建德很强，强如李世民这样的人物也不得不按兵不动以挫其锋，但已经君臣离心的窦建德又如何能战胜万众一心的李唐军队呢？没有那么多难分难解的鏖战，窦建德很快便败得一塌糊涂，并在乱军之中被生擒活捉，一代英主的帝国梦也随之灰飞烟灭。

五

一个世代务农的寒族子弟，却能纵横河北，将一众士族和百姓都聚拢在自己的麾下，让所有人提其名而感其恩，这样的人物是不可能活在世上的。

关陇贵族出身的李渊看着被押来长安的手下败将窦建德，并没有顾念他曾义释自己堂弟和亲妹的恩情，而是毫不犹豫地将窦建德斩首示众。这位仅用六年时间便从无到有的一代英豪草草结束了自己传奇的一生，留给当世的是无尽的震撼与唏嘘。

窦建德死后，他曾经的部将刘黑闼以复仇为名重新召集窦氏旧部，响应者不计其数。刘黑闼甚至一度占尽上风，李唐不少名将都被此人斩于马下。

即便是死后，窦建德这三个字依然有着让人怀念，并为之舍生忘死的魔力。不过这一切都已经与窦建德无关，他作为一个争霸的失败者，永远地沉睡在历史的厚厚尘埃之下，也作为一个有名望的成功者，永远活在了夏王庙的袅袅香火里，永远活在了河北百姓的口耳相传中。

李密

大唐创业公司，必须有我的股份

隋大业十三年（617年）春，作为隋末乱世中首屈一指的起义军势力——瓦岗军以迅雷不及掩耳之势越过方山，数千精锐直取隋帝国最大的战略粮食储备地——洛口粮仓。瓦岗军的战斗力很强，后来一统天下的大唐开国功勋们有不少人都是从瓦岗军中跳槽出来的。

农民起义军攻城略地并不稀奇，但瓦岗军在费尽千辛万苦打下洛口粮仓后并没有和寻常起义军一样，将丰硕战果据为己有，而是就地开仓放粮，赈济过往饥民。瓦岗军这一反向操作瞬间赢得了天下民心，原本只有数万人的队伍在朝夕之间增长到数十万人。不仅如此，无数慕名而来的老弱妇孺连横数十里，络绎不绝，一时之间天下归心。

> 大业十三年春，密与让领精兵千人出阳城北，逾方山，自罗口袭兴洛仓，破之。开仓恣人所取，老弱襁负，道路不绝，众至数十万。
>
> ——《旧唐书·李密传》

乱世之中最缺少的，便是眼光。

古往今来多少农民起义军的失败，都是败在稍有小胜便不思进取之上。作为隋末实力最强的起义势力之一，瓦岗军能做出开仓赈灾这样明智的决定，并非因为他们摆脱了阶级的局限性，而是因为在瓦岗军中有一个人，他的名字叫李密。

李密与瓦岗军本是天然对立的两个阶级。瓦岗军是逃犯翟让组织起来的农民起义军，而李密则出身关陇贵族之后，但就是在隋末云谲波诡的激荡斗争中，历史将李密与瓦岗军紧紧地捆绑在了一起，虽然最终天下归唐，但李密和瓦岗军却也成了那段历史无法回避的两个存在。

在那"十八路反王，六十四路烟尘"的滚滚烽烟里，毫无疑问，李密是最耀眼的那类人中的一个。

一

隋开皇二年（582年），李密出生在一个富贵无极的贵胄之家，作为根正苗红的关陇贵族之后，年轻时的李密和"造反"这两个字是八竿子也打不着的。因为李密来自跨越数个朝代都经久不衰的关陇门阀世家，他的曾祖父李弼是赫赫有名的八柱国之一。

作为关陇军事贵族集团的奠基者，八柱国所代表的八大家族终结了魏晋南北朝时期的无数政治世家，让曾经权倾一时的顶级门阀尽数化为历史的谈资。而由八柱国打造的关陇军事贵族则从西魏起便横贯大隋一朝，其影响力甚至还左右了整个大唐帝国前期的政治格局。

隋文帝杨坚所取代的北周政权就是由八柱国之一的宇文家族建

立的；取代大隋政权的李渊也是八柱国之一李虎的孙子；就连大隋皇族本身也是关陇贵族出身。也就是说，关陇贵族的子孙先后繁衍出了三个王朝，即北周、大隋和大唐。

关陇贵族之后李密有着寻常人所没有的远见卓识，承袭先祖血脉的他从小就有着异于常人的远大抱负。用史书的原话来说，李密"趣解雄远，多策略，散家赀养客礼贤不爱藉"。意思就是李密从小志向远大，胸有韬略，仗义疏财，礼贤下士，在他的周围总是聚集着一批愿意为其效命的门客。

但李密这样的人对于皇室来说是个不安分因子，也许是冥冥之中的预感，让隋炀帝杨广第一次注意到这位在宫中守卫的年轻人时，就有种不明缘由的不爽之感。隋炀帝很讨厌李密这个黑小子的气场，他觉得李密是个神态异于常人的人，不适合待在自己身边做守卫，于是他的一句话便让李密丢掉了铁饭碗。

> 炀帝见之，谓宇文述曰："左仗下黑色小儿为谁？"曰："蒲山公李宽子密。"帝曰："此儿顾盼不常，无入卫。"
>
> ——《新唐书·李密传》

事实证明，隋炀帝的直觉还是很准的，因为李密确实是个能威胁到他的人。在脱离了大隋官场后，李密如同龙入深渊般加入隋末群雄逐鹿的混战中，并迅速建立起了可以问鼎天下的强大军队。

但此时的李密根本想不到自己以后会造反，丢掉编制的他非常沮丧，可隋炀帝近臣宇文述却一语点醒了他："兄弟你这么聪明，应该靠才学获得官职，当一个皇宫守卫是发挥不了你的才华的。"

本来就很聪明的李密顿时幡然醒悟，他开始频繁地请病假，曾在人前无比活跃的他渐渐地消失在众人的视线里。在浩如烟海的经史子集里疯狂汲取知识成了李密的日常，曾有人看到他在骑牛拜访朋友的路上，还将一本《汉书》挂在牛角之上以便随时翻阅。为此，李密还为后世贡献了一个成语——牛角挂书，这个成语用以比喻勤奋学习、刻苦用功。

这样刻苦努力的贵族子弟在当时的大隋是并不多见的，赫赫有名的越国公杨素曾偶然路过李密闭关读书之所，被李密的好学与专心深深打动，他特意叮嘱自己的儿子杨玄感要好好结交李密，以期将来能和李密一起为大隋效力。

但当了大隋一辈子忠臣的杨素没有想到的是，他的儿子杨玄感非但没有学到自己半分忠诚，还在造反之际特意把老爹叮嘱要结交的李密拖下了水，两个大隋根正苗红的贵族子弟率先举起反对隋炀帝暴政的大旗，一时之间举国哗然。

> 越国公杨素适见于道，按辔蹑其后，曰："何书生勤如此？"密识素，下拜。问所读，曰："《项羽传》。"因与语，奇之。归谓子玄感曰："吾观密识度，非若等辈。"玄感遂倾心结纳。
> ——《新唐书·李密传》

以往都只不过是被压迫的农民愤然起义，但当统治阶级内部也出现旗帜鲜明的起义军时，说明大隋天下真的已经烂到骨子里了。

二

不过李密和杨玄感这对组合很尴尬，尴尬的地方在于，李密是个很有想法，且判断力很准的二把手；而杨玄感则是个很有想法，但只相信自己判断的一把手。所以，从这对组合开始准备造反的时候，就注定了他们会以失败而告终。

李密的眼光很毒辣，对于当前战局的分析永远有着相当长远的洞察。而杨玄感执着于眼前的蝇头小利，用李密的话来讲，杨玄感是个只知道造反，却从不想着成功的人（"楚公好反而不求胜"）。

上错了贼船的下场可想而知，在围攻弘农的战役中，不听劝的杨玄感迎来了无法再翻身的大败，而当初苦劝他别打弘农的李密也跟着变成了阶下囚。如果不是李密凭借着自己的机智，在押解途中挖墙遁逃，也就没有后来撼动天下的瓦岗军了。

逃亡的路十分艰难，为了能让自己在乱世之中活下去，几经藏匿都无法逃脱的李密把目光落在了一个名为翟让的农民起义军组织者的身上。

翟让是隋末乱世中冉冉升起的一颗造反明星，在极短的时间内通过沿河洗劫过往船只的方式完成了造反资本的原始积累，再加上麾下有单雄信、徐世勣等当世豪杰相助，一时之间瓦岗寨的名字传遍天下。

翟让所创立的瓦岗寨创业公司前景一片大好，但随着局势的进一步恶化，瓦岗寨的发展也进入了停滞期，如果单纯靠着抢劫过往商船的方式来求发展的话，瓦岗寨便注定只能成为下九流的流民土匪帮派。正愁不知道该如何战略转型的翟让在这时收到了一个求职者的简历，一个叫李密的通缉犯侃侃而谈，提出了他对当前天下格局的看法，甚至还为瓦岗寨指明了接下来的发展方向。

瓦岗寨最大的问题在于缺粮，下顿口粮都等着上顿吃完了去抢商船，这严重制约了瓦岗寨的发展壮大。所以，刚来投靠翟让的李密便提出了第一个计划：攻下荥阳，拥城养兵，以逸待劳，谋取天下。

翟让本质上是个没什么文化的粗人，但他和杨玄感不一样的是，他是个很尊重知识分子的粗人，所以当李密一提出要攻打荥阳的计划时，不明觉厉的翟让便二话不说地带着人冲了过去。

不过荥阳并非毫不设防的小城，当翟让冲到荥阳时才发现大隋猛将张须陀已经会师于此，只干过打家劫舍小买卖的翟让哪里真的敢跟身为职业军人的张须陀硬碰硬。就在他准备掉头就跑的时候，谋士李密再一次发挥了他无人可以替代的价值。

"张须陀只是个有勇无谋的莽夫而已，又因为刚刚取得一些小胜而沾沾自喜，主公且看我斩杀此獠！"

李密说得一脸轻松，翟让听得胆战心惊，但最终翟让还是乖乖列阵以待，而战局也确实如李密事先预料的那样，自大的张须陀被李密亲率的二十骑兵引诱，毫不意外地踏入了包围圈，一代猛将最终成了李密送给瓦岗军的投名状。

> 让素惮须陀，欲引去。密曰："须陀健而无谋，且骤胜易骄，吾为公破之。"让不得已，阵而待。密率骁勇常何等二十人为游骑，伏千兵荟间。须陀素轻让，引兵搏之，让少却，伏发，与游军乘之，遂杀须陀。
>
> ——《新唐书·李密传》

攻下荥阳、斩杀张须陀之后，农民出身的翟让便被贵族子弟的李密深深折服，因为此前他曾率军和张须陀先后交战三十余次都被击溃，而李密一战就击杀张须陀，更打得隋军"尽夜号哭，数日不止"。所以从此刻起，心悦诚服的翟让逐渐将瓦岗军的最高指挥权向李密转移，而这也为日后瓦岗军内部矛盾的爆发埋下了祸根。

三

在李密的英明指挥之下，瓦岗军实现了登上历史舞台的"上市"目标，并在一步步攻城略地之中迅速壮大，隋大业十三年（617年）春，瓦岗军攻陷洛口粮仓，倾其粮以济民，数十万饥民闻讯而来。

原本只是个农民造反集团的瓦岗军瞬间收揽了天下民心，这一操作让瓦岗军这个名字被全天下人记住了，慕名而来投靠的人越来越多，原本只有数万之众的瓦岗军转眼间就变成隋末乱世几个巨无霸势力之一。

不负众望的瓦岗军也在李密的指挥下，先后粉碎了隋军一次又一次的进攻，而自知能力不济的翟让也在这时候让出了瓦岗军之主的位置，甘愿居于李密之下。随着李密完全掌握瓦岗军的全部力量后，这支已然实力不俗的起义军势力开始向着东都洛阳逼近。

东都洛阳的战略意义和军事意义，与之前所攻克的所有城池都不一样，这是座承载了大隋半壁繁华的帝国明珠，如果能将洛阳占为己有，李密距离那高高在上的九五之尊之位就不远了。

伴随着瓦岗军的家业越来越大，来自内部的危机也越来越凸显，问题的根源依然是在翟让和李密的关系上。

作为瓦岗军旧主的翟让对于李密的能力是深信不疑的，但翟让昔年的部下和亲属却撺掇着翟让重新夺回权力，毕竟此时的瓦岗军再不是当初那个打家劫舍的水匪组织，而是一个有可能一统江山的未来帝国。

李密当然也知道了翟让有重新夺权的意图，但颇具雄主风范的他并没有翟让的顾虑和考量，对于杀伐果断的他来说，任何一个想要夺他权力的人只有死路一条。

所以，先下手为强的李密以招待为由将翟让骗入自己帐中，紧接着便是从后面一刀了结了这位曾将权力拱手相让的老大哥。

翟让死得很干脆。瓦岗军中一众将领直到李密来告知情况才知道翟让已经被李密给杀了，他们内心深处的恐惧和疑惑可想而知。虽然顺利解决了权力斗争的危机，但对于瓦岗军众将官来说，李密的形象也不再那么高大，他那看起来胸怀黎民、体恤士兵的光辉外表下，似乎藏着一个为达目的、不择手段的残暴灵魂。

隋末乱世这一舞台上，此时只剩下了宇文化及、王世充、李密、窦建德、李渊这五个玩家，其余的势力基本不成气候，在这五个庞然大物面前，基本只剩下被剿灭或者投诚这两条路可以选择。

大业十四年（618年）三月，江都兵变，隋炀帝被宇文化及和其属下绞死。宇文化及自封大丞相，准备引兵十万重返关中，不断丢弃美女、珍宝的他沿途征用民力，让本就因路途遥远而怨声载道的三军将士更加苦不堪言。

而以逸待劳的瓦岗军则趁着宇文部人疲马乏开始了一轮又一轮的冲锋，其实李密之所以要和宇文化及决战，是因为正在围困洛阳的他不想两面受敌，不得已才接受了洛阳城中的傀儡皇帝杨侗的册封,并掉转兵锋直扑宇文化及。

但李密不知道的是,洛阳城中的王世充也是位野心家,就在他和宇文化及打得两败俱伤之际,已经完全掌握整个洛阳城的王世充突然带领精锐,对惨胜的瓦岗军发起了突袭。

时间来到了大唐武德年间,曾一统南北朝的大隋也终究成了历史的时间坐标,徒留给天下黎民的是无尽叹息。

四

一边是蓄势待发的王世充部,一边是力战气竭的瓦岗军,更糟糕的是,原本已经溃逃的宇文化及部也回马给了瓦岗军迎头痛击,曾风光一时的瓦岗军在李密错误战略的指挥下彻底失去了翻盘的机会。程咬金、秦叔宝、裴仁基、单雄信等一众瓦岗名将或被俘或投降,李密的鸿图霸业终成梦幻泡影。

从意气风发、将要问鼎天下的一代枭雄,到一败涂地、走投无路的末路英雄,明明前不久还指挥千军万马直扑洛阳,怎么转眼之间就成了惶惶如丧家之犬的败军之将呢?李密来不及多想,因为王世充的大军已经再度集结,为了手下两万余人的性命,李密最终选择去长安投靠已经称帝的李渊。

李渊对于李密的到来自然是不胜欣喜,归顺后的李密得到了应有的待遇,他不仅被封为邢国公,李渊甚至把表妹独孤氏许配给李密为妻。按理说以这样的身份体面地活下去也并无不可,但体会过群雄逐鹿的李密又怎么甘心一辈子寄人篱下呢?他的人生结局是在降而复叛后遭遇埋伏被杀。当然,为了安抚李密旧部,李渊最终还是同意厚葬了这位深得人望的老对手。

在李密入殓的那一天,为之悲痛呕血者甚多;即便是在他死后两年,昔年的旧将杜才干还为了给他报仇,杀了曾经的叛徒邴元真。能被人如此铭记,李密这一生也算不枉此行。

> 密素得士,哭多欧血者。邴元真之降也,世充以为行台仆射,镇滑州。密故将杜才干恨其背密,伪以兵归之,斩取其首,祭密冢,已乃归国。
>
> ——《新唐书·李密传》

是非成败转头空,青山依旧在,几度夕阳红。一代枭雄李密终究还是成了历史的故人,但曾为他誓死效命的将领们却在一个名为"唐"的新纪元里,开创出了另一番为后人啧啧称赞的丰功伟业。

平阳昭公主

唯一用军礼下葬的女将军，不接受反驳

唐武德六年（623年），被今人称为"巨唐"的唐帝国才刚刚建立五年，正在以其势不可当的速度，在华夏热土上谱写一段令后世仰望的历史。帝国初长成的时候最让人神往，因为那些被史书记录下来的开国功勋正当壮年，而能和这些活着的传说生在同一片天空下，足够让人热泪盈眶。

但同样是在这一年里，唐帝国送别了开国勋贵中最具传奇色彩的人物，从某种意义上讲，古往今来历朝历代，也找不到这样的人了。说她传奇，是因为她是"十八路反王，六十四道烟尘"的隋末乱世里唯一的女起义将领，同时她也是华夏五千年历史中唯一一个以军礼入葬的女性。

历史浩浩汤汤，她的名气已经渐渐不为后人所知，但她那些最亲密的亲人却在浩瀚的历史长河中留下了星光璀璨的名字：她的夫君柴绍是凌烟阁二十四功臣之一；她的父亲李渊是大唐开国皇帝；她的弟弟李世民更是开创贞观之治的千古一帝。

可惜的是，史书上并没有留下她的名字，如今的我们只知道她曾独自拉起数万人的起义大军，只知道她曾扼守险关阻击敌人，那座雄关甚至因此得名为娘子关……花木兰替父从军、穆桂英挂帅出征的巾帼故事是文学杜撰,但大唐平阳昭公主的传奇却真实发生在一千四百多年前的隋末乱世……

一

隋大业十三年(617年),筹谋许久的太原留守李渊眼见自己已经遭到了隋炀帝的猜忌,再加上天下人心已不在隋,农民起义此起彼伏,素来心怀天下的李渊也终于按捺不住勃勃雄心,正式以"绥抚河朔,和亲蕃塞,共匡天下,志在尊隋"为口号,加入了群雄逐鹿的行列之中。

在此之前,分散各地的李渊嫡系亲眷部属都已接到风声,匆匆赶回太原,以此来壮大李渊的起义军势力,而这之中,就包括李渊的女婿——柴绍。不过当时的柴绍远在长安城中,如果贸然举家撤回太原,一定会引起朝廷的注意,但如果只身回太原的话,那留在长安城中的妻儿老小又该何去何从呢?

这是平阳昭公主在史书中的第一次亮相,那时二十多岁的平阳反而宽慰丈夫柴绍说:"你应该赶紧去。我一介女流到时自可藏身,不必为我担心。"

> 义兵将起,公主与绍并在长安,遣使密召之。绍谓公主曰:"尊公将扫清多难,绍欲迎接义旗;同去则不可,独行恐罹后患,为计若何?"公主曰:"君宜速去。我一妇人,临时易可藏隐,当别自为计矣。"
>
> ——《旧唐书·平阳公主传》

乱世之中人如草芥，男人尚且无法在兵灾中独善其身，更何况手无缚鸡之力的弱女子呢？当战争摧毁一切的时候，用以维系文明的礼教思想也随之灰飞烟灭，老弱妇孺所面对的处境只会比男人更糟糕。

但柴绍在听到妻子平阳这样说后非常放心地抄小路赶回太原，虽然史书上没有做任何过多的解释，但我想能让柴绍这么毫无心理负担离去的原因，有且只有一个，那就是平阳的日常表现让他完全有理由相信：自己的妻子会在这乱世中全身而退。

但让柴绍完全没有想到的是，平阳不仅毫发无伤地回到了他的身边，甚至还为大唐起义军募集了一支军队，离别时还是闺中相夫教子的贤妻，再相逢时已经成了指挥千军万马的巾帼女将。

二

太原前线的父兄正顶着巨大的政治压力起兵造反，远在长安城中的平阳做出了完全异于寻常女子的抉择，她没有毫无主见地躲到偏僻处等待救援，也没有毫无章法地待在府邸坐以待毙，虽然史书上没有记载她是否读过兵书，但这位奇女子的第一反应是回到居所变卖家产，组织了数百人的队伍，策应父亲李渊在太原起兵。

就当时的情况来说，平阳的处境远比太原起义军要糟糕得多，因为彼时的平阳还处于大隋的势力范围，几百人的起义队伍随时都有被隋军剿灭的风险，但这位从未上过沙场的弱女子却敢于孤军起义，这让远在太原城中的唐军都为之一振。

对于大隋来说，刚开始的平阳就像是疥癣之患，虽然有些不舒服，但大隋所需要处理的起义军实在是太多了,这样不成气候的几百人实在没有必要大动干戈。可等隋军再转过身来的时候,明明刚刚还只有几百人的小队伍却在转眼之间成了拥有六七万人的庞然大物,隋政府再派兵来剿灭,难度和当初已经不可同日而语了。

在被隋政府忽视的那几个月里,平阳四处招揽人才,不断说服其他起义军加入自己的队伍,早已没有人知道平阳在游说时说了些什么,又许诺了些什么。历史上唯一有据可查的,便是潘仁、李仲文、向善志、丘师利等实力远超于平阳的关中群盗心甘情愿地奉平阳为主,跟随着她在关中征战,一点点蚕食关中沃土。

大唐娘子军的名声早在李渊主力进入关中前就已经声名远播,当关中百姓意识到平阳率领的娘子军完全不同于以往只知道打家劫舍的起义军时,远近各处想要奔赴投靠的人络绎不绝,短时间内这支治军严谨、军纪严明的军队就扩充到了六七万人之多。

每申明法令,禁兵士无得侵掠,故远近奔赴者甚众,得兵七万人。

——《旧唐书·平阳公主传》

等到李渊的起义军主力进入关中的时候,等待他的不是严阵以待的大隋军队,而是已经疲惫不堪的隋军和已成气候的六七万大唐娘子军。

李渊很激动,因为他没有想到自己的女儿居然有如此大的能耐,非但没有受到任何伤害,甚至直接给他拉了一支数万人的军队,这不正是天助大唐的强力佐证吗?

阔别数月未见的柴绍更是又惊又喜，他奉命带着几百人去与妻子平阳会合，而那个印象中温婉贤惠的妻子则"非常贴心"地挑了一万精锐列阵迎接自己的丈夫，这支生力军也在随后平定关中地区的各个战役中起到了不小的作用。

关中平定以后，这位原本只能在史书中被称为"李氏"的传奇女子，终于得到了自己的封号——平阳，自此以后关于她的相关记载便越来越少。

在随后李唐征服天下的各个战役中，平阳的相关记载几乎为零，作为那个时代最耀眼的存在，她的弟弟李世民成了历史的主角，她的夫君作为弟弟的重要下属，也在纷乱世道中争得了属于自己的荣光，最终得以在唐贞观十七年（643年）成了凌烟阁二十四功臣中的一员。

对于平阳的相关可靠记载，则只剩下娘子关了。

三

传闻中，娘子关最初曾是平阳屯兵御敌之所在，于此地修建关隘，可完全阻敌于山西之外。后世将娘子关称为"万里长城第九关"，足可以证明娘子关的战略意义之大。

在亲人们开疆拓土、征逐天下的时候，平阳正亲率重兵死守娘子关，不让前方浴血厮杀的唐军有任何后顾之忧，但这也在某种程度上降低了这位女将军的曝光度。从后世的角度来看，有唐一代将星最璀璨的时代毫无疑问是初唐，但已经很少有人还记得，那耀眼的星光里有一束光来自一个封号为"平阳"的女将军。

唐武德六年（623年），平阳公主病故，父亲李渊在她的葬礼上特意安排了"羽葆鼓吹、大辂、麾幢、班剑四十人、虎贲甲卒"等军队仪仗。原本只能属于将军的入殓仪式，却用在了一位大唐公主身上，这遭到了司礼官员的反对。

但李渊的回答很简单，因为他的女儿并非是靠着血脉才享尊荣的一介女流，她是孤身一人就敢高举义旗的女英雄，她是率领数万之众开疆拓土的女将军，纵然是英年早逝，她也是足堪军礼落葬、足被万世瞻仰的巾帼英雄。

其他的不必多说，因为平阳昭公主的故事，都在那烈烈的沙场狂风里……

王君廓

小人的发家史

唐武德九年六月初四（626年7月2日），改变大唐政治格局的玄武门之变爆发，太子李建成和齐王李元吉被当时还是秦王的李世民当场射杀。原本还因为继承人问题焦头烂额的李渊无可奈何地接受现实，主动禅让皇位。大唐由此开启了一代雄主李世民的时代。

从现存史书的相关记载来看，玄武门之变主要是得道多助的李世民在被逼无奈的情况下，在玄武门对失道寡助的李建成和李元吉进行的正当防卫。

诚然，李世民麾下猛将如云、谋士如雨，但作为东宫太子的李建成也并非全无倚仗，比如魏徵就曾是李建成的座上宾。除此以外，散落各地的宗亲们也多多少少与李建成有所牵连，最典型的代表就是庐江王李瑗。

李瑗本身只是个靠着血缘关系才得以身居高位的皇室宗亲，操心的唐高祖李渊深知李瑗的怯懦无能、难堪大任，所以在让其担任幽州都督的同时，还派猛将王君廓辅佐他。但李渊一定想不到，自己的好心非但没能保住侄子的一世富贵，反而间接导致他走上谋反之路，并最终成为王君廓的邀功理由。

作为李瑗造反事件中的唯一获利者，王君廓其实自始至终都没有真正归顺于谁，他是乱世中偶然得志的小人，也是盛世里尸位素餐的奸佞。这位隋末盗贼出身、以好战勇猛著称、靠着出卖亲家李瑗邀功、一步步成为大唐的开国勋贵，最后又因为没文化和心里有鬼，悍然走上了叛国之路。

一

都说乱世出英雄，事实上在乱世中脱颖而出的，也并非都是完全符合忠孝礼义廉标准的英雄，如王君廓这样的人也能在纷乱的世道里脱颖而出，并在短时间内获得权势富贵。

只不过，在滚滚历史长河中，漏网之鱼最终还是逃不过惩罚，因为从宵小出现在历史舞台的那一刻起，王君廓不得好死的命运便已经写就了。

从小就是问题儿童，长大后更加变本加厉的王君廓非但没有遭到任何报应，反而在坑死亲家李瑗后，晋升为幽州都督、左光禄大夫，连李瑗旧府中的人口也被打包成了自己的奴仆。这世上真的有报应吗？至少在武德九年（626年）的王君廓看来是没有的。

王君廓出场的时代是隋末乱世，但和一般人迫于生计、不得不沦为盗贼的特殊情况不一样的是，年少时的王君廓就已经是个亡命天涯的盗匪，不爱读书、不事农桑的他只热衷于聚众劫掠、鱼肉乡里，甚至他人生中每一步向上走的台阶下满是无辜者的血泪。

放在现代，年少时的王君廓一定会成为少管所的常客，他曾因为看上路过商人的丝绸，而将捕鱼的竹笱套在商人的头上，随后抢掠丝绸扬长而去；还曾因为叔叔不同意聚众造反，而诬陷邻居与叔母苟且，最终让暴怒的叔叔背上人命官司，不得不与王君廓一起踏上亡命江湖的不归路。

> 尝负竹筍如鱼具，内置逆刺，见鬻缯者，以筍囊其头，不可脱，乃夺缯去，而主不辨也，乡里患之。大业末，欲聚兵为盗，请与叔俱，不从，乃诬邻人通叔母者，与叔共杀之，遂皆亡命。
> ——《新唐书·王君廓传》

这些都是只有王君廓才知道的小事，却在史书上留下了详细的记载，作为一个史官没必要抹黑的一般人物，能留下如此详细记载的原因有且只有一个，那就是成名后的王君廓自己将这些荒唐事作为谈资讲了出来。

"想当年，爷智勇双全，拿人财物全身而退；又略施妙计，让爷叔父家破人亡，只能跟爷落草为寇……"

王君廓讲起这些故事的时候，一定充满了得意与嚣张，因为那无辜挨打的商人和无辜被杀的叔母在他的眼里一文不值。靠着暴戾凶狠在隋末乱世里聚拢起千余人的队伍时，心里全无仁义道德的王君廓开始在尔虞我诈的战场上崭露头角，他那为人所不齿的奸猾反而成了在战场所向披靡的制胜秘诀。

二

和李密、窦建德这样的大人物相比，王君廓所统率的千余人匪军根本不值一提，但就是这样一股四处打家劫舍的队伍，却靠着王君廓的奸猾卑鄙，一次次从死局中脱困而出，最后甚至直接投靠了当时正值创业初期的李唐，由此正式洗白，成了开国功勋。

早期的王君廓面对的敌人主要是隋军，丁荣和宋老生这两位隋将先后对王君廓进行过征剿。王君廓的策略也如出一辙，在打不过的时候就假意投降，用俯首哀求换来隋将的同情，然后在对方放松警惕的时候，趁机脱困而出。

丁荣和宋老生都是堂堂正正的官军，实在未曾想过会遇到王君廓这样的地痞流氓，这位从来就不知忠孝礼义廉耻为何物的土匪头子，就这么一而再，再而三地逃出生天，并一步步坐大，直到成为各大起义势力争取的对象。

隋炀帝大业十三年（617年），准备就绪的李渊正式在晋阳起兵，急需人才加盟的他把目光锁定在了王君廓的身上，但此时的王君廓早已"心有所属"。和官僚出身的李渊相比，王君廓认为农民起义军起家的瓦岗军更适合同样身为草莽的自己，于是在杀了两个有意投奔李唐的创业合伙人后，双手沾满兄弟鲜血的王君廓加入了瓦岗军。

王君廓是个一字不识的无耻狂徒，这样的气质是不符合此时的瓦岗军的，因为此时瓦岗军真正的话事人是李密——一个出身关陇门阀的贵族。所以，王君廓这样为达目的不择手段、手上沾满亲朋故旧鲜血的人，是没办法获得李密的认可的，这也就是原本一心一意想要投靠瓦岗军的王君廓在短暂入职后，又迅速重新转投李唐怀抱的原因。

创业初期公司的入职门槛往往是最低的，只要有人愿意加入，哪怕是阿猫阿狗也能成为自己人。李渊并不介意王君廓之前拒绝拉拢的不良记录，只要此人可用，那么从前种种都可以既往不咎。而像是为了要证明自己的能力,归降李唐后的王君廓确实打了几个不错的漂亮仗。

王君廓人生最高光的时刻,是他曾跟随李世民一起攻打王世充时,在兵力悬殊的不利情况下,以埋伏之计击溃追兵,这让远在长安城中的李渊都兴奋到亲自下诏勉励:"以十三人破敌万人,这样以少胜多的战绩自古未有!"

> 诏劳之曰:"尔以十三人破贼万,自古以少制众,无有也!"赐杂彩百段。
>
> ——《新唐书·王君廓传》

大领导一锤定音的高度评价让王君廓从此跻身开国勋贵的行列,在随后的从征刘黑闼、镇守幽州等战役中王君廓也表现不俗。人们开始选择性忘记他的前尘过往,忘记他曾是无恶不作的土匪,忘记他曾为达目的不惜杀害至亲挚友,威震幽州的王大都督就这么轻而易举地洗白,甚至成了人人巴结的新晋勋贵。

直到李瑗造反事件爆发……

三

王君廓是李渊派给侄子李瑗的副官,李瑗对王君廓很器重,甚至以李唐皇室宗亲的身份要跟王君廓结为姻亲。但李瑗一定想不到的是,即便是他对王君廓掏心掏肺、真心以待,王君廓也从来没有把他当成自己人。

如果不是李唐最终一统天下的话,换作其他任何一个势力,于王君廓而言，都只不过是"归降"这么简单，他不会像忠臣义士那样被俘不屈而死，因为任何人对于他而言，都是可以利用向上爬的阶梯。

准确地说，王君廓就是一个极致的利己主义者，并在漫长的时间里用冷血自私让自己青云直上，而这样的利己主义思想在李瑗造反事件中暴露得淋漓尽致。

武德九年（626年）爆发的玄武门之变让远在幽州的李瑗惴惴不安，因为他是太子党的人。在这样一个特殊时期，李瑗突然接到了来自长安的诏令，这让本来就心中不安的他更加惶恐，于是他找来了自以为是自己人的王君廓商量。

李瑗心中的王君廓，是大破敌军、威震幽州的大都督，是和自己结成姻亲、肝胆相照的至亲兄弟……而对于已经安分许久的王君廓来说，李瑗是个送上门来的大礼包，是可以让自己再进一步的阶梯。

所以，王君廓面对害怕的李瑗说出了一句极具煽动性的话："如果孤身回长安必定性命不保，如今您拥兵数万，不如一不做二不休干票大的！"政治经验匮乏的李瑗看着眼前泪流满面、言辞恳切的好兄弟非常感动，马上同意了王君廓的建议。

> 君廓欲取瑗以为功，乃说曰："大王若入，必无全理。今拥兵为数万，奈何受单使之召，自投囹圄乎！"因相与泣。
> ——《资治通鉴·唐纪七》

但李瑗不知道的是，离开后的王君廓马上就把他卖了，甚至还以平定造反为名，将刚刚还执手相看泪眼的李瑗拿下，并亲手活活勒死。踩在李瑗尸体上上位的王君廓在此之后膨胀到了极致，这位土匪出身的狂徒摇身一变成为幽州的主官，一时之间风头无两。

在讲到王君廓小人得志时，他的人生也已经走到了尾声。

四

王君廓的结局和他那看似"一帆风顺"的得意人生相比，显得潦草又仓促，而这一切都源于一个乌龙事件。

做了亏心事的人，纵然一时未被人察觉，但深埋在心里的恐惧和忧虑会如同附骨之疽般时刻萦绕在他心头。王君廓向上走的每一步都带着血腥，即便是一直"春风得意"，他依然像个惊弓之鸟般生怕自己所做的那些丑事被曝光。

用"色厉内荏"这四个字来形容贞观元年（627年）去长安述职的王君廓再合适不过。长史李玄道托王君廓带一封家书给自己远在长安的亲戚，但联想到李玄道平日里对自己的规劝和限制，心里有鬼的王君廓于途中拆开了那封无关痛痒的家书。

家书写得很好，草书纵横，内容满满当当，但从未读过书的王君廓对着这龙飞凤舞的草书默默皱起了眉头。

字很好看，但大字不识一个的王君廓什么都没有看懂。

吃了没文化亏的王君廓无法判断家书里面是否有弹劾自己的内容，靠着出卖和背叛才爬到如今高位的他开始害怕了。数十年来筑牢的心理防线在面对那张满是草书的家书时全面崩溃，纠结了一路的王君廓终于在行至渭南时，做出了杀死驿站兵卒、出逃突厥的疯狂举动。

> 长史李玄道，房玄龄从甥也，凭君廓附书。君廓私发之，不识草书，疑其告己罪，行至渭南，杀驿吏而逃。将奔突厥，为野人所杀。
>
> ——《资治通鉴·唐纪八》

突厥很远，王君廓没能跳槽成功，还在途中被野人所杀。不知王君廓在临死之前，是否想起了那些曾枉死在他手上的亲朋故旧，是否想起了他也曾是个以十三骑破万骑的骁将，是否想起了庐陵王李瑗在临死前说的那句话："小人卖我，行自及矣！"

突然想起了一句话"凡夫畏果，菩萨畏因"，其实王君廓的结局早在他诬陷叔母与邻居苟且、逼着叔父与自己一起亡命天涯的时候，就已经写好了。

卷二

盛唐气象

阎立本

被画画耽误的大唐宰相

准确的时间已经不得而知，只知道那是贞观年间的故事了。颇有兴致的唐太宗李世民跟着一众文武勋贵于春苑池中泛舟时，一只从未见过的怪鸟常伴在李世民的身旁，久久不愿离去。

在君权神授的封建时代，这种并不多见的物事统一会被认为是天降祥瑞。对于此时已经扫清宇内、建立大一统帝国的天可汗李世民来说，身边出现了这样一只鸟，毫无疑问是上天对自己工作业绩的认可。

李世民很高兴，他一边诏令陪同文武诸臣以怪鸟为诗，一边让身边近侍去找阎立本，因为在那个没有照相机的年代里，阎立本等同于"人肉照相机"。李世民想将这一刻定为永恒，这偌大的帝国中，画师阎立本便是最佳人选。宫墙高耸，内侍一声声的呼喊响彻在皇城的上空："诏画师阎立本，诏画师阎立本……"

突然蒙圣上召见的阎立本赶忙穿过漫长的宫道，跑得大汗淋漓的他马不停蹄地将池中怪鸟描绘得极为生动，而一众文武公卿则变成看客，或交头接耳，或心不在焉。这种"被人围观"的感觉让阎立本十分羞耻,因为他不是供帝王取乐的画师,他是贵族之后,也是大唐从五品上的主爵郎中。

回到家中的阎立本非常悲愤地告诫自己的儿子:"我本来也是同辈中读书的佼佼者,但却因为绘画的名声太大,只能做一个供人观赏的画师,这是我莫大的耻辱。你要引以为戒,不要再学绘画了。"

> 立本时为主爵郎中,奔走流汗,俯临池侧,手挥丹青,不堪愧赧。既而戒其子曰:"吾少好读书,幸免墙面。缘情染翰,颇及侪流,唯以丹青见知。躬厮养之务,辱莫大焉。汝宜深戒,勿习此也。"
>
> ——《太平广记·阎立本传》

那已经是近一千五百年前的旧事了,当年那场让阎立本羞愧难当的春苑池泛舟事件早已湮灭在了历史的长河里,在池畔观看阎立本画鸟的满堂公卿也多已变成了浩瀚历史中的无名客,只有"画师阎立本"凭借着让自己一时羞愤的绘画成就,成就了千载不朽的名声。

一

阎立本其实可以很骄傲。

论出身,阎立本来自前朝开始就声名赫赫的阎氏一族,他的外祖父是北周武帝宇文邕,祖父是被追封司空的阎庆,所以即便是改朝换代,作为贵族三代的阎立本也依然有着寻常官员无法企及的底蕴。

论职场发展,阎立本最终做到了当朝右相,真正做到了文官极致,成了一人之下、万人之上的人物。

论业余爱好，古往今来，能与阎立本在绘画造诣上相比的人寥寥无几。那些至今都被人津津乐道的惊世画作不少就来自阎立本的丹青妙手。

但就是这样一个本可以很骄傲的人，却似乎总是活在他的愤懑与自卑里。绘画是阎立本一生最大的闪光点，某种程度上讲也成了束缚他人生发展的桎梏。

因为绘画的造诣太高，以至于无论是民间还是宫中，大家都忽视了阎立本原本的士子属性。所有人提到阎立本便称其为画师，这对于原本想在仕途有所建树的阎立本其实是一种负担。

更让阎立本愤愤不平的是，当他好不容易靠着自己的能力成为大唐宰相的时候，世人依然不会对他除绘画以外的才学认可，他也只会被认为是因为绘画这样的"奇技淫巧"才得到帝王重用，本质上和那些以色侍人的风尘女子无甚区别。

所以，说绘画其实是阎立本一生的噩梦，并不为过。

其实翻开阎立本的工作简历，我们会发现这位贵族青年的工作起点是很高的，在其他开国功勋还没有开始选边站队，甚至有的还在别的阵营打工的时候，阎立本已经作为李世民的近侍，并成了最早一批的从龙之臣。

但纵观贞观一朝，阎立本在政治上的建树几乎为零。用现在的话来讲，阎立本不像是行政编制的公务员，更像是专业性强的事业编制人员。因为在绘画造诣上的惊人天赋，阎立本多承担着为重要景观绘制大纲图纸、为宫殿建造提供专业支持等后勤类的工作。

在这里随便举几个阎立本的作品：赫赫有名的"昭陵六骏"雕刻原型图纸便是出自阎立本的丹青妙笔，已经湮灭在历史烟尘中的

《凌烟阁二十四功臣图》也是阎立本的工作成果，详细记录松赞干布迎娶文成公主的传世名画《步辇图》更成为阎立本的代表作之一。

随着贞观朝的结束，不得不一门心思搞艺术的阎立本终于迎来了他政治上的贵人——唐高宗李治。

二

唐高宗李治并非庸主，所以能在永徽一朝当上宰相的阎立本也绝非只知道绘画的"画师之流"。阎氏一族是一个充满了艺术细胞的家族，即便是阎立本终身为绘画成就所累，但他这千载不绝的名声不也正是绘画成就所赋予的吗？

当我们想要提永徽朝的阎立本时，有一个人的名字是绕不过去的，此人是阎立德。作为阎立本的亲哥哥，阎立德的艺术成就丝毫不遑多让于弟弟，如唐高祖李渊的献陵、唐太宗李世民的昭陵等帝国重大建筑都是由阎立德亲自设计营建的。

唐显庆元年（656年），阎立德病故，作为他珠玉在后的弟弟阎立本接过了哥哥将作大匠的官职，并在随后不久进位为工部尚书，正式成为朝廷六部之一的行政主官。

阎氏兄弟先后做尚书的事迹，在当时也被传为官场佳话，更得以成功续写了阎氏一族自北周开始的三朝荣耀。

唐总章元年（668年），阎立本走到了自己的仕途巅峰，成了大唐帝国的宰相，与左相姜恪一起辅佐唐高宗治理广袤的大唐帝国。

高处不胜寒。阎立本走到文官巅峰的时候，也是他开始被人诟病的时候。左相姜恪是以战功而被从军中拔擢为左相的，而身为右相的阎立本似乎除了那让人啧啧称赞的绘画天赋之外，于政治上并没有什么令人瞩目的成就，连史书上都言之凿凿地写下了"恪既历任将军，立功塞外；立本唯善于图画，非宰辅之器"。

这是一句很伤人的话，让身处中枢的阎立本陷入了进退维谷的窘境。其实仔细想想，并没有人真的观察过阎立本是否能担宰辅大任，因为看客们在知道阎立本绘画造诣很高后，便自然而然地认为阎立本是个靠着绘画博君王欢心，并借此上位的阿谀小人。

"左相宣威沙漠，右相驰誉丹青"这句官场笑谈既是对左相姜恪的褒扬，其实也是对右相阎立本的暗讽。阎立本就是个老实人，他既没有结党营私的记录，也没有工于心计的黑历史，他只是一个痴醉于绘画、专业能力很强的专技人才，就这么一步一步走到了宰相的官位上，却要饱受世人的无端非议和指责。

难道阎立本在政治上就真的毫无建树吗？恰恰相反，至少一件有据可查的事情足可以说明阎立本有识人之明。那时，初出茅庐的狄仁杰被同僚诬陷、即将身陷囹圄的时候，身为河南道黜陟使（代表中央出巡地方的巡察使）的阎立本一眼便看出了狄仁杰的不凡，他不仅洗清了狄仁杰的冤屈，还用"海曲之明珠，东南之遗宝"这十个字给予了狄仁杰高度评价。

> 时工部尚书阎立本为河南道黜陟使，仁杰为吏人诬告，立本见而谢曰："仲尼云：'观过知仁矣。'足下可谓海曲之明珠，东南之遗宝。"荐授并州都督府法曹。
>
> ——《旧唐书·狄仁杰传》

千里马常有，而伯乐不常有。对于那时还初出茅庐的狄仁杰来说，三品大员阎立本的褒奖与举荐可以说给这位年轻人的仕途带来了不小的便利，更为他日后成为朝廷重臣打下了坚实的基础。

三

唐总章元年（668年）以后的阎立本仿佛神隐般从史书记载中淡去，身为帝国宰相的他没能像哥哥阎立德一样陪葬李世民的昭陵，而是选择抛却一切世俗外物、归隐于如今的江西玉山普宁寺中，并于故去之后长眠于此。

和他千古传诵的绘画造诣，以及生前位极人臣的荣宠相比，如今普宁寺中的阎立本墓显得寂寥矮小，如同寻常的凡夫俗子般平凡普通。

传说中，阎立本是不满武则天干预朝政才愤然归隐山寺，后来又因为子孙不肖而将所有家财捐入寺庙，最后一身清净地离开了这个世界。

一生都被盛名与非议所扰，能这样静悄悄地离开，我想阎立本一定了无牵挂吧！

魏徵

我被李世民推倒墓碑，我委屈

唐贞观十七年（643年），太子李承乾造反失败后，参与造反的诸位王亲贵族都得到了应有的惩罚，位列凌烟阁二十四功臣之一的陈国公侯君集被杀，中书侍郎杜正伦也被牵连贬谪荒州。

但此时震怒之下的李世民并没有停止宣泄他的怒火，他想到了不久前去世的一代名臣——魏徵。魏徵是不可能参与李承乾造反的，但魏徵曾举荐过侯君集和杜正伦，并盛赞过此二人都有宰相之才，于是无妄之灾也降临到了已故的魏徵身上。

由李世民亲自撰写碑文的石碑被推倒，原本要将女儿衡山公主嫁给魏徵之子魏叔玉的婚约也被李世民手诏取消，这位生前位极人臣、身后极尽哀荣的国之柱石在死后反而进入了至暗时刻。

> 徵尝荐杜正伦、侯君集才任宰相，及正伦以罪黜，君集坐逆诛，纤人遂指为阿党；又言徵尝录前后谏争语示史官褚遂良。帝滋不悦，乃停叔玉昏，而仆所为碑，顾其家衰矣。
>
> ——《新唐书·魏徵传》

可魏徵就是魏徵，纵然逝者无言，但时间会重新给予他清白。

两年以后的贞观十九年（645年），远征高句丽归来的李世民又一次想到了魏徵。

这场大获全胜的亲征战役虽然战果硕硕，但李世民终究还是为没能一举消灭高句丽而怅然若失，他想到了魏徵曾经的直言上谏，并长叹说道："若魏徵在，我怎么会有这次亲征呢？"

> 辽东之役，高丽、靺鞨犯阵，李勣等力战破之。军还，怅然曰："魏徵若在，吾有此行邪！"即召其家到行在，赐劳妻子，以少牢祠其墓，复立碑，恩礼加焉。
>
> ——《新唐书·魏徵传》

斯人已逝，曾经的君臣和谐早已化作史书上的铅字，但纵然是千载光阴走过，魏徵这个名字自始至终都散发着熠熠光彩。

一

作为穷苦人家走出来的读书人，魏徵身上有着寻常人所没有的坚忍和气节，他深知自己的才华，所以从登上历史舞台起，便一直想要找到一个能毫无保留、直言进谏的对象。为臣子能做到不畏天怒、敢说真话已属难得，但为君者若能做到虚怀若谷、能听真话就更寥寥无几了。

所以，一开始的魏徵仕途并不顺利，他曾效力于一个名为元宝藏的大隋地方官，却长时间都处于寂寂无名的透明人状态。但在元宝藏响应瓦岗军李密的起义后，负责文书往来的魏徵第一次因为往来奏疏的才华横溢而得到了李密的赏识。

这是魏徵第一次直面隋末乱世中重量级的枭雄之一，满腹才学的魏徵迫不及待地向李密献上了自己针对当前瓦岗创业团队如何做大做强的十条计策，而作为一把手的李密虽然被这十条计策所深深震撼，却完全没有将之付诸行动，这让充满斗志的魏徵迎来了一盆透心凉的冷水。

我们不得不承认的是，作为隋末乱世的枭雄之一，李密属于人格魅力很强的人物，不同于王世充、宇文化及、李世民等人原本就是隋朝贵族，连起兵造反时都自带海量政治资源，一开始就有强大的创业团队；李密虽然出身贵族，但却只身投靠农民起义军，并用自己的魅力和实力征服了翟让，成功地当上了瓦岗军的一把手（瓦岗军原首领翟让主动让贤）。

所以，一开始的魏徵一定对李密充满了期待，他期待跟随李密建立不朽之功勋，他也期待李密是那个能虚心纳谏的雄主。但魏徵的期待并没有持续太久，因为很快李密便被王世充所败，瓦岗创业团队被另一个实力强大的创业公司——大唐全面收购，打工人魏徵也因此直接变成了李唐创业公司的一员。

大多数贞观名臣一到大唐创业公司，就直接跟了最具实力的经理李世民打天下，成为李经理的心腹；魏徵不一样，他并不归属李世民，而是成了李世民的竞争对手——太子李建成的属臣。

关于李建成和魏徵之间的故事，史书上并没有留下多少记载，不过记录在史册上的两件小事足以证明魏徵的眼光与能力。

二

随着武德四年（621年）李世民一战而定窦建德、王世充两个大患,大唐一统天下已经成了板上钉钉的事情,但就在大唐创业公司准备宣布上市的时候,来自公司内部的矛盾也已经到了刻不容缓、亟待解决的危急时刻。

简单概括来说,就是大唐指定的接班人——太子李建成在创业过程中的贡献并不大,可偏偏按照自古以来的规矩,身为嫡长子的他注定将来要继承皇位;而排行老二的秦王李世民在创业过程中可谓是居功至伟,将他称为第一功臣都毫不夸张。更重要的是,大唐一众开疆拓土的开国功勋都与李世民保持着良好的关系,和东宫太子李建成则显得交情寡淡。

所以,身为太子的李建成很害怕,因为二弟李世民实在是太优秀了,如果不弄死他的话,将来这皇位都不安稳;而秦王李世民也很害怕,自己有功无过却要天天生活在死亡威胁里,是默默忍受命运暴虐的毒箭,还是挺身反抗人世无涯的苦难,通过斗争将它们清扫,成了他每天都在思考的问题。刚刚一统天下的大唐也瞬间笼罩在这对亲兄弟看似风平浪静、实则已经到了你死我活的激烈政治对抗之中。

魏徵是太子阵营为数不多的谋士,他针对李建成威望不够的突出问题,提出了解决办法:主动请缨消灭造反者刘黑闼,以此来树立太子的威信。李建成完全听进了魏徵的建议,也因此得以在史书上留下了为数极少的军功记载:太子李建成消灭了刘黑闼。

建德败,与裴矩走入关,隐太子引为洗马。徵见秦王功高,阴劝太子早为计。

——《新唐书·魏徵传》

但其实这时候已经为时已晚，因为大唐已经没有什么敌人要去消灭，疥癣之患的乱军也不需要帝国皇子们亲自挂帅出征，无甚军功的李建成在和李世民之间的斗争已经注定要成为失败者了。

玄武门喋血事件发生以后，李世民特意将阶下囚的魏徵叫来，他想亲眼见识一下这位耿耿忠臣，于是他问了一个回答稍有不慎就会人头落地的问题："你为什么要离间我与太子的兄弟情义？"

领导的问题永远充满了艺术性，谁都知道李建成与李世民兄弟反目是他们自己造成的，但下属向来都是要为领导们背锅，让他们继续保持着表面的体面，所以一般人的回答应该有以下两种：我没有，你胡说；各为其主，那时是太子殿下的人，当然要为他考虑……

但耿直的魏徵给了一个让李世民措手不及的回答："当初太子殿下要是听我的，就不会死在你手里了。"

> 及败，太宗使召之，谓曰："汝离间我兄弟，何也？"徵曰："皇太子若从徵言，必无今日之祸。"
>
> ——《旧唐书·魏徵传》

只是这简单的一个回答，就让李世民深深折服在了魏徵的耿直气节之下，这是这对君臣记录在史书上的第一次对话，也是他们传奇君臣故事的开始。

三

衡量文臣武将对贞观一朝的功劳大小有一个金标准，那便是赫赫有名的凌烟阁二十四功臣了。这二十四位功臣，就是李世民心中功劳最大的二十四人。

如果仔细查看凌烟阁二十四功臣的人生简历的话,我们会发现其中绝大多数人都是大唐创业初期就跟在李世民身边的从龙之臣。直到玄武门之变后才归顺李世民的,只有一个,便是魏徵。

而魏徵在这二十四功臣中排名第四,如此靠前的排名却完全没有招来其他功臣的嫉妒和敌意。连曾因他人坐在自己上首位置就勃然大怒,甚至差点一拳打瞎宗室皇亲李道宗的尉迟敬德都没有对这一排名提出什么异议(尉迟敬德排名第七)。

其实要想回答这一奇怪现象并不难,用唐太宗李世民自己的话来说:贞观之前,陪我经略天下,房玄龄功劳第一。贞观以来,为我匡正朝纲、谏言纠错,魏徵居功至伟。

> 上曰:"贞观之前,从朕经营天下,玄龄之功也。贞观以来,绳愆纠缪,魏徵之功也。"
>
> ——《资治通鉴·唐纪十一》

从投靠李密,到依附李建成,再到如今成为李世民的臣子,魏徵终于等到了能认可并包容他的君主,这位在漫长岁月里只能坐冷板凳的铁骨谏臣,终于在遇到李世民后绽放出了他人生的光彩。

关于李世民和魏徵之间的君臣故事很多,这对君臣组合之融洽,使得古往今来多少帝王将相为之汗颜。李世民明白魏徵的忠心耿耿,纵然是面对那些言辞犀利、惹君不快的谏言,李世民依然能学会自我消化情绪,并最终全盘接受魏徵的谏言。

而魏徵也了解李世民的雄心勃勃,他感念李世民的知遇之恩,宁愿冒着风险也要说出自己的心里话，哪怕触怒天颜也在所不惜。也正是在这样的相互体谅与相互成全中，大唐迎来了第一个盛世——贞观之治。

> 太宗与之言，未尝不欣然纳受。徵亦喜逢知己之主，思竭其用，知无不言。
>
> ——《旧唐书·魏徵传》

魏徵对自己的定位是很清晰的，他不愿做大唐的忠臣，而要做大唐的良臣。

良臣以自己的行为引导君王成就万世圣名，自己也因此得以成就一番美名；而忠臣则以杀身成仁来换取自己的万世流芳，却让君王因错杀忠臣而遗臭千古，魏徵不愿成为这样的忠臣，和万世的名声相比，他更愿意燃尽自己的全部心血，为大唐的君王匡扶社稷，为大唐的百姓谋求福祉。

所以，很多人之所以无法理解魏徵"不惜命上谏"的行为，是因为他们没有理解魏徵的政治逻辑，从遇到唐太宗李世民的那一刻起，魏徵就不再是一个颠沛流离、寻觅英主的打工人，他更像是大唐公司的合伙人角色，大唐的利益便是他的利益。

正是在这样的公心驱使下，魏徵有了无穷无尽的底气和动力，一次次地在朝堂上扮演着并不那么讨君王喜欢的谏臣形象。

也万幸魏徵面对的君王是千古一帝李世民，如果换作别人，比如武则天、唐玄宗李隆基等人，等待他的，要么是因"越位上言"而被贬谪出京，要么是因"诽谤君王"而被满门抄斩。所以，我们谈论魏徵的时候,"李世民"这三个字是一定不能忽视的。

四

古代帝王拥有着至高无上的权力,但魏徵则像是李世民主动给自己安上的紧箍咒,当这位帝王想要自恃天子威严潇洒一把的时候,魏徵这只紧箍咒便开始发挥作用。记录在史书上的两件小事足可以说明李世民与魏徵之间的奇妙关系:

日常勤奋刻苦的李世民曾想趁着魏徵回家扫墓的空当,去南山好好放松一下,但最终因为害怕魏徵知道后要责备自己而中途作罢。

李世民还曾得到了一只非常不错的鹞鹰,正放在手上把玩之际,听到魏徵前来面圣,吓得将鹞鹰藏在怀中。而心知肚明的魏徵也故意拖延时间慢慢奏对,直到那只鹞鹰被活活闷死在了李世民的怀里。

> 尝谒告上冢,还,言于上曰:"人言陛下欲幸南山,外皆严装已毕,而竟不行,何也?"上笑曰:"初实有此心,畏卿嗔,故中辍耳。"上尝得佳鹞,自臂之,望见徵来,匿怀中;徵奏事固久不已,鹞竟死怀中。
>
> ——《资治通鉴·唐纪九》

通过千年前的史料记载,李世民和魏徵这对君臣在我们心中的形象变得越发有血有肉:驰骋沙场的唐太宗原来是个玩心很大,同时又容易心虚的"大孩子";而向来严厉古板的谏臣魏徵原来是个鬼心眼无数、爱捉弄君王的"坏老头儿"。

大唐贞观十七年(643年),天命终有时的魏徵病笃,贵为天子的李世民用尽全力想要挽回他的生命，但此时的魏徵已经药石罔效，他拖着病入膏肓的身体和前来视疾的李世民做了人生最后一次长谈，没有人知道这对君臣在死别之际说了些什么。

史册中记载，李世民于当夜梦寐之际，梦到了魏徵，这位陪伴自己一路走来、迎来贞观之治的肱股之臣在梦里笑颜恰如往昔，躬身作揖道别。

等到一夜梦醒，李世民便接到了魏徵辞世的消息，这位缔造伟大帝国，本该喜怒不形于色的九五至尊放声恸哭，他失去了可以明得失的镜子，大唐失去了一位鞠躬尽瘁的良臣。

属于名臣魏徵的故事本该到此为止，但发生在一百多年后的一件事，却再度让所有人记起了魏徵。那已经是唐宪宗朝的事情了，经历了安史之乱后的大唐哪里还有什么盛唐气象，藩镇割据让唐帝国陷入了无休止的战争与对立之中。

贞观一朝的文臣武将在百年的时间洗礼之下，都已经变成了史书上的一行行陌生字眼，当下的人们只能听着这些谋士名将的传奇故事，去回味那些风云际会的初唐传奇，去尽力回想大唐帝国当年的盛状。

昔年的开国功勋们各个都得到了帝国的尊重，他们封侯拜相，成为一时豪门显贵。但随着百年的风吹雨打、百年的岁月沧桑，曾煊赫一时的名门望族也终究沦为了史书上的过路人。

曾赫赫有名的凌烟阁二十四功臣同样最终成为历史的一段谈资，他们的后人中有的因谋反被杀（如徐世勣之孙徐敬业、房玄龄之子房遗爱）；有的因无力重现祖上辉煌而泯然众人，而在那么多沦为平凡人的功勋后代里，魏徵的玄孙魏稠却在一百多年后，用一个心酸凄凉的方式，让唐宪宗时代的大唐人再度想起了百年前的绝世风华。

魏徵玄孙魏稠因生计难以为继，不得已只能变卖祖宅来艰难度日，如果不是平卢淄青节度使李师道提出拿六百万钱为魏稠赎回祖宅的话，只怕唐宪宗都根本不知道魏徵后人已经沦落到如此艰难的地步。

最终碍于舆论影响，同时也不愿意让李师道得此美名，朝廷出面资助了困顿之中的魏稠，在此事件中的魏稠全程都像是一个局外人般被动接受施舍，史书上甚至都未曾留下他的只言片语。

> 魏徵玄孙稠贫甚，以故第质钱于人，平卢节度使李师道请以私财赎出之。上命白居易草诏，居易奏言："事关激劝，宜出朝廷。师道何人，敢掠斯美！望敕有司以官钱赎还后嗣。"上从之，出内库钱二千缗赎赐魏稠，仍禁质卖。
>
> ——《资治通鉴·唐纪五十三》

不知道满朝公卿在听到魏徵后人连饭都吃不起的时候，他们是否会回想起那个在百年前匡扶社稷、舍生忘死的帝国元勋；不知道魏稠在拿到朝廷资助的时候，他是否也会回想起那个在百年前位极人臣、极尽哀荣的先祖魏徵……

那时的唐帝国如日中天，万邦来朝……

那时的大唐朝堂人才济济，君臣和谐……

而此时已经山河破碎，大唐的辉煌也早已如同那逝水，一去不回……

尉迟敬德

作为大唐的最强猛将,我差点就飘起来了

唐武德九年六月初四（626年7月2日），当时还是秦王的李世民带着府中一众文武早早便在入朝必经之路——玄武门附近设下埋伏，而毫无准备的太子李建成和齐王李元吉就这么踏入了包围圈，发觉情况不对的哥儿俩正准备夺路狂奔，但早有准备的李世民一箭射死亲哥李建成，他的麾下猛将尉迟敬德则一箭射死了齐王李元吉。

历史上著名的玄武门之变最终以李世民完胜而终结，还在宫中划船的唐高祖李渊没有等来他的太子，却等来了披坚执锐的尉迟敬德。木已成舟，李渊最终无可奈何地接受了现实，并于三天之后册立李世民为皇太子，从那一刻起，大唐帝国实际上已经完全掌握在了李世民的手中。

美人迟暮英雄老，多年以后的贞观十七年（643年），四十四岁的李世民怀念起当初和文武诸卿一起运筹帷幄、纵马征战的光辉岁月，让著名画家阎立本于凌烟阁中绘制了二十四功臣图，作为拥立之功第一的尉迟敬德被排在了第七位。

这位生入凌烟阁、死谥"忠武"的初唐名将也许在现在人看来，其知名度并不如程咬金、秦叔宝等人，但若是论及贞观一朝，尉迟敬德当之无愧于"第一猛将"的称号。

一

尉迟敬德是个出身平凡的职业军人，能追溯到的最早期经历，也已经是他在高阳投军，跟随朝廷大军出征，四处平定起义军势力的从军经历了。

对于尉迟敬德这样的普通人，要想在乱世之中崭露头角，只有凭借自己过硬的能力，然后则是跟对一个好领导。万幸的是，尉迟敬德自身素质很高，在参与剿灭起义军的行动中表现出色，强到想要造反的领导刘武周第一时间就想到了尉迟敬德。

不过刘武周并非是个好领导，虽然前期发展势头一度很好，又有宋金刚、尉迟敬德等一众名将辅助，甚至在屡次与唐军的作战中占尽上风，但这很大程度上都因为他背后有个金主爸爸——突厥。所以，一开始得到突厥相助的刘武周攻城略地的速度之快超出所有人的想象，连唐军的大本营——晋阳都被此人攻陷，惊慌失措的李渊甚至发出了"要尽弃河东，紧守关西之地，避其锋芒"的手书……

> 上出手敕曰："贼势如此，难与争锋，宜弃大河以东，谨守关西而已。"
>
> ——《资治通鉴·唐纪三》

"家被偷了"对于唐军的震撼之大是前所未有的，但随着唐军中最能打的李世民抵达战场后，原本顺风顺水的刘武周部兵败如山倒，连在一系列军事行动中屡战屡胜的尉迟敬德也不得不折服在李世民的光芒之下，最终心悦诚服地开城投降。

名将遇英主，是乱世之中最畅快淋漓的故事。君臣辅佐，将那些裂土称王的一时豪杰尽数歼灭，将这纷乱的世界归于一统，开创一个前无古人的伟大帝国，并于昭昭青史上留下自己的名字，这应该是名将最好的归宿。

对于李世民和尉迟敬德来说，两人是相见恨晚的君臣，但那些在尉迟敬德手上吃过大亏的唐将会想，尉迟敬德这样忠心为主的人怎么可能轻易投降呢？他一定是和刘武周其他的被俘诸将一样，只是暂时归顺大唐，实则是在等待时机开溜。

这种时候就要考验李世民的领导艺术了，因为一旦弄巧成拙、放虎归山的话，唐军将再度面对在战场上被尉迟敬德支配的恐怖，这位于战场之上大杀四方的猛将如果再度成为对手的话，将是一场可怕的噩梦；但如果因为猜忌直接杀了尉迟敬德的话，一来会寒了一众投降将领的心，二来如此猛将世间罕见，也许再难遇到这样的人物了。

李世民特意将刚刚投降不久的尉迟敬德带到了自己的卧室，然后拿出了金银珠宝道："大丈夫意气相交，不必为小小委屈挫折而牵绊，我不愿听信谗言残害忠良，希望你能够体谅。如果你一定要另投明主的话，就带着这些财物走，也算是成全了你我短暂的君臣之义。"

> 遽命释之，引入卧内，赐以金宝，谓曰："丈夫以意气相期，勿以小疑介意。寡人终不听谗言以害忠良，公宜体之。必应欲去，今以此物相资，表一时共事之情也。"
>
> ——《旧唐书·尉迟敬德传》

李世民掏心掏肺的话，换来了尉迟敬德的誓死报效。

不善言辞的尉迟敬德并没有在史书上留下什么精彩的回应，只不过同一天里，在王世充麾下骁将单雄信拍马直取李世民的千钧一发之际，尉迟敬德一马当先将号称"飞将"的单雄信挑于马下，并在万军之中护送李世民冲出重围。正是在经历这样一场浴血厮杀之后，所有人都知道了尉迟敬德的心意。自此之后，再无人怀疑他的忠心。

二

从打定主意跟着李世民之后，尉迟敬德对李世民无限崇拜，只要李世民喜欢什么、想要什么，他便不顾凶险、不顾场合地去完成。

和李世民不对付的齐王李元吉听闻尉迟敬德在用槊上造诣极高，同样擅长用槊的李元吉便提出了要比试一下的要求。尉迟敬德是百万军中来去自如的猛将，李元吉只不过是个仗着血脉才有际遇的王爷，片刻之后李元吉手上的槊已经被尉迟敬德先后夺去三次，这大大打击了太子李建成一党的威风。

唐武德四年（621年），因为李世民看到敌方将领王琬所骑骢马时感慨了一句"好马"，尉迟敬德二话不说便带着两个人冲将过去，连人带马直接生擒回来，惊得对方数万人马瞠目结舌，不敢轻举妄动。

> 时世充兄子琬使于建德，乘隋帝厩马，铠甲华整，出入军中以夸众。王望见，问："谁可取者？"敬德请与高甑生、梁建方三骑驰往，禽琬，引其马以归，贼不敢动。
>
> ——《新唐书·尉迟敬德传》

从投靠李世民起，到大唐一统天下，尉迟敬德便时刻常伴李世民左右。而在外部矛盾解决的时候，太子党和秦王党之间的斗争逐渐显露出来，作为秦王心腹的尉迟敬德也被当作拉拢的对象，收到了太子李建成送来的厚礼。然而这样的金银珠宝，又岂能和当初李世民的赏赐相比？尉迟敬德不仅退回了厚礼，还给李建成上了一堂政治思想课。

"当初如果不是我大哥，也就是你二弟，我早就死了，所以我一定要舍生忘死地报答他；而且你也好好想想，我要是见钱眼开，收了你的钱就背叛我大哥，我这样的人你还敢用吗？"

尉迟敬德讲得很好，完美逻辑闭环，以至于李建成虽然很无语，但完全挑不出毛病。

> 隐太子尝以书招之，赠金皿一车。辞曰："敬德起幽贱，会天下丧乱，久陷逆地，秦王实生之，方以身徇恩。今于殿下无功，其敢当赐？若私许，则怀二心，徇利弃忠，殿下亦焉用之哉？"太子怒而止。
>
> ——《新唐书·尉迟敬德传》

随着时间一点点过去，太子党的焦虑越来越强烈，因为李建成发现满朝文武官员似乎都与二弟李世民有着千丝万缕的联系，更可怕的是，秦王党就像是铁桶一般，无论是谁都不愿意被收买，人人都对他这位名义上的帝国储君敬而远之，人人都死心塌地地跟着秦王殿下。

玄武门之变的发生是历史的必然，但玄武门之变中牵扯进来的每一个人一定都觉得自己很委屈，都觉得自己是被逼无奈。

于李渊而言，有一个威望高过自己的儿子，是一件很可怕的事情，他出手帮着太子党打压秦王势力无可厚非；

于李建成而言，自己是遵照礼制确立的东宫太子，却处处都要被二弟压着，甚至二弟已经掌握了随时都能让自己下台的实力，对秦王党下手是被逼无奈之举；

于李世民而言，那他就真的更委屈了。当初劝李渊起义的是他，打天下出力最多的也是他，但就因为李建成是哥哥，这太子之位就必须是李建成的，自己还得在猜忌和被陷害中艰难度日，发动玄武门之变完全是自保的行为……

上一个弑兄逼父的人是隋炀帝杨广，他那血淋淋的教训还在眼前；一旦和太子党撕破脸，李世民也将不得不走上弑兄逼父的老路，更重要的是，失败的后果只有用滚滚人头来承担。回到一千三百多年前的那个夜晚，如果换作我们中任何一个人是李世民的话，做出玄武门之变的决定也是非常困难的。

这时候，就需要有人出来拱火了。

老奸巨猾的长孙无忌看了一眼尉迟敬德，秒懂的尉迟敬德立马站了出来……

三

李世民很紧张，他麾下的文臣武将更紧张，因为他们已经跟"李世民"这三个字牢牢绑在了一起，李世民失败就意味着他们也会成为牺牲品,所以尉迟敬德、长孙无忌等人费尽心思地拱火,然后绞尽脑汁地帮李世民赢得胜利。

按照李世民的思路,先等太子党出手,然后秦王党则可以师出有名。但尉迟敬德则直接给出了一个简单明了的办法:带着八百勇士直接在宫里埋伏,杀了李建成和李元吉。

> 敬德曰:"王今处事有疑,非智也;临难不决,非勇也。且大王素所畜养勇士八百馀人,在外者今已入宫,擐甲执兵,事势已成,大王安得已乎!"
>
> ——《资治通鉴·唐纪七》

替领导提供解决问题最高效的办法,是一个合格下属应该做的事。在被尉迟敬德和长孙无忌一顿思想感化后,原本还犹豫不决的李世民终于坚定了埋伏杀人的信念,历史上赫赫有名的玄武门之变就这样发生了。

复盘整个玄武门之变的过程,太子李建成是被李世民亲手射杀的,而齐王李元吉则是死于尉迟敬德之手,光是这一点就足可以奠定尉迟敬德"拥立之功第一"的地位。而在随后合理化李世民行为的程序中,尉迟敬德也发挥了旁人无可替代的作用。

从严格意义上来说,玄武门之变是僭越,是李世民得位不正的铁证。这也就是后来即便是登基称帝、打造出了贞观盛世的李世民,依然很计较史官是怎么记录自己的原因。

而在玄武门兵变成功之后,所有人都陷入一团乱的时候,尉迟敬德身披重甲直接来到了李渊的面前,他的身上甚至还带着厮杀后留下的血迹。

正在湖中划船的李渊看到尉迟敬德这样的装扮，吓得不知所措。而面对李渊的询问，尉迟敬德的回答很高明："太子、齐王谋反，秦王已经出兵诛杀，为了避免惊扰陛下，特意派我带兵前来护卫您的安全。"

尉迟敬德的回答里有两个信息很重要：李建成、李元吉已经被我们杀了；我们已经完全掌控局面，你老实点。

事已至此，李渊哪里还有什么话说，此时的他不再是一言定人生死的九五至尊，只是一个毫无实权的傀儡皇帝而已。

摆在李渊面前的也只有两条路：一是无力地怒斥李世民造反，杀了李建成和李元吉，然后被李世民直接软禁，逼宫夺位，最后以太上皇的名义囚禁至死（参考被迫禅位的唐玄宗李隆基下场）；二是承认李建成、李元吉意图谋反，感谢李世民的付出和努力，并主动禅位给李世民，换得体面的退休生活。

李渊是个聪明人，他毫不纠结地选择了第二条路，大唐由此迎来了第二位皇帝——唐太宗李世民。

四

玄武门事变发生的两个月后，识趣的李渊主动将皇位禅让给了李世民，转身便去后宫享受退休生活了。

伴随着贞观之治的到来，大唐迎来了第一次的全面繁荣，国无内乱，外克群寇，文治武功都到达鼎盛，唐太宗看着一众随自己出生入死的旧属们感慨良多，如尉迟敬德这样的心腹更是被推崇备至，礼遇有加。

但渐渐地,迷失在功劳和恩宠中的尉迟敬德开始犯错了。

尉迟敬德是个脾气火暴的武将,旁人无可比肩的功勋让这位勇猛无比的大将军滋生出了"除了皇帝谁也不服"的自大傲慢,敢于向所有不顺眼的人、事、物开炮的他经常因为一些小事和治国文臣们发生口角,以长孙无忌、房玄龄、杜如晦为首的贞观名相们都与尉迟敬德关系紧张。

> 敬德好讦直,负其功,每见无忌、玄龄、如晦等短长,必面折廷辩,由是与执政不平。
>
> ——《旧唐书·尉迟敬德传》

文臣和武将之间有着天然的且无法调和的矛盾,战局动荡时需要武将冲锋陷阵,文官则不得不成为配角;但当平乱建国后武将则不得不退居文官之后,因为治理天下并非武将所长。

睿智如李世民这样的领导,对于将相之间的矛盾一定有所耳闻,他只是在等一个契机,一个足可以震慑所有功勋重臣的机会,很快尉迟敬德自己送上门来了。

那只是一场普通的宫廷夜宴,居功至伟的尉迟敬德在参加宫宴时发现居然有人的位子排在了自己的上座,恼羞成怒的他当庭质问:"你有何功劳,敢坐在我的上座?"

尉迟敬德的言外之意是:满朝文武无人功劳比我大!

而坐在尉迟敬德下座的任城王李道宗本想从中调停,解释一二,毕竟如此和谐的场合闹出纠纷来,败的是皇帝陛下的兴致。

然而，不由分说的尉迟敬德转身便一拳打在了李道宗的眼睛上，差点将他的眼睛打瞎，这场突如其来的闹剧让原本兴致勃勃的李世民顿时意兴阑珊。

李道宗是谁？出身宗亲的戍边名将。开国功臣公然殴打皇室宗亲，这放在哪朝哪代都是个严重的恶性事件。

> 尝侍宴庆善宫，时有班在其上者，敬德怒曰："汝有何功，合坐我上？"任城王道宗次其下，因解喻之。敬德勃然，拳殴道宗目，几至眇。
>
> ——《旧唐书·尉迟敬德传》

如果同样的事情发生在其他朝代，等待尉迟敬德的，多数是"晚节不保"这四个字。但李世民没有勃然大怒，按照史书的说法，李世民只是不高兴地叫停了夜宴（"不怿而罢"），但李世民接下来十分平静的一段话，却给了尉迟敬德前所未有的危机感。

"朕读《汉书》的时候，曾因为大汉开国功臣很少有善终者，而责备汉高祖；但现在看看你的行径，才知道当初韩信、彭越等人被杀，并非是汉高祖的过错。治理国家最重要的，只有赏罚二字。过分隆恩，不可多得，你好自为之，不要追悔莫及。"

> 太宗不怿而罢，谓敬德曰："朕览汉史，见高祖功臣获全者少，意常尤之。及居大位以来，常欲保全功臣，令子孙无绝。然卿居官辄犯宪法，方知韩、彭夷戮，非汉祖之愆。国家大事，唯赏与罚，非分之恩，不可数行，勉自修饬，无贻后悔也。"
>
> ——《旧唐书·尉迟敬德传》

尉迟敬德也是个聪明人，他明白李世民这段话背后的意思。"靡不有初，鲜克有终"这八个字深深地刻在了尉迟敬德的脑海里，时时提醒着他规范自己的所言所行，这位张狂到险些万劫不复的猛将终于感受到了恐惧，也终于在恐惧中学会了低调与平和。

五

在人生最后的岁月里，尉迟敬德和程咬金一样在家颐养天年，已经没有这么多仗可以打，如他们这样的老一辈将领也渐渐淡出战场，让薛万彻、苏定方等新生代武将挑起护卫国家的重任。

曾自恃功高、不可一世的尉迟敬德谢绝了所有宾客往来，他专心致志于享受着王权富贵，在生命的最后时光里过上了富家翁的快乐生活。

于国，尉迟敬德浴血厮杀，舍生忘死；于君，尉迟敬德誓死效忠，不负帝王；于家，尉迟敬德宁舍公主，不弃糟糠……如此看来，尉迟敬德一生走过，瑕不掩瑜；谥号忠武，当之无愧。

程咬金

我才不是『憨憨』，我聪明着呢

唐显庆元年（656年），大唐帝国的新生代战神苏定方在领导程咬金的带领下，携着战无不胜、攻无不克的锋锐在帝国的西疆所向披靡。

苏定方很能打，打得西突厥丢盔弃甲，望风而逃。但苏定方不知道的是，自己的英勇善战已经引起二把手王文度的强烈不满。

作为本次军事行动的二领导，王文度不愿接受手下有人这么出风头，但蠢到极点的他并没有想出什么好办法，而是自己把自己送上了绝路。王文度的操作很迷惑，他先是以矫诏强行延缓了行军速度，然后又劝说程咬金对唾手可得的城池进行惨无人道的屠城。

虽然新生代翘楚的苏定方对各种利害关系进行了陈述，但老一辈军事家的程咬金还是听从了王文度的说法，屠尽西突厥恒笃城满城百姓，这场本该是皆大欢喜的重大战果也随着程咬金的屠城而变得让人难以接受……

屠城事件的影响不算小，罪魁祸首的王文度被除名免职，耳根软的程咬金也被连坐贬去官职。虽然这位名列凌烟阁二十四功臣之一的老将很快又被起复为岐州刺史，但已经六十七岁的程咬金终因身心俱疲而提出了回家养老的请求。

> 显庆二年，授葱山道行军大总管以讨贺鲁。师次怛笃城，有胡人数千家开门出降，知节屠城而去，贺鲁遂即远遁。军还，坐免官。未几，授岐州刺史。表请乞骸骨，许之。
> ——《旧唐书·程知节传》

千载历史悠悠，这位活跃于隋末乱世，并平顺熬过唐朝两代皇帝，最终病逝于唐高宗年间的一代名将，在后世的演义传奇中阴差阳错地被塑造成了家境贫寒、靠着梦中学会的神技三板斧起家的"憨憨"。

如果程咬金真的在天有灵的话，他一定会说："我才不是那个只会拿斧头乱砍人的'憨憨'，再胡说告你们诽谤！"

一

如今再提起程咬金的时候，大家脑海中的形象永远都是那个家境贫寒、憨憨傻傻的胖子形象；更有人会觉得程咬金之所以能名留青史，完全都是因为他运气好，如果不是跟了李世民，像他这样的人肯定已经死在兵荒马乱的隋末乱世了……

这样的思维定式大多出现在小说演义里，因为正史中的程咬金非但不是个"憨憨"，反而是一个有勇有谋、足可以称之为一代名将的豪杰。

正史上的程咬金颠覆性很强，于他而言，最具代表性的两个标签——"家境贫寒"和"开山斧"，其实都与正史不相符。程咬金是官四代，往上追三代都是有名有姓的官员；程咬金也没有什么梦中学会的三板斧绝招，因为他最擅长使用的兵器是马槊。

蠢人是不可能在隋末乱世活下来的，而程咬金的出场方式也跟绝大多数流民不一样，在其他人四散奔逃不知所从的时候，官四代的程咬金已经组织起当地的有生力量，开始了自发的保护乡土行为。

在其他人不得不为了躲避战火而背井离乡的时候，程咬金所在的乡里百姓却得到了乱世中最难得的安宁。但随着乱象的进一步恶化，胸有大志的程咬金终于还是不得不离开乡里，向着那个已经乱成一锅粥的天下走去。

王朝更迭之际的天下乱象已经不言而喻，后世的演义小说对于隋末乱世有个相当精辟的总结——"十八路反王，六十四路烟尘"。对于初出江湖的程咬金来说，摆在他面前的只有两条路：要么自己拉一帮人单干，混得好一统天下做皇帝；要么自己投靠一个有前途的老板，混得好成为帝国的开国功臣。

从程咬金聚众保护乡里的壮举来看，他还是有一定能力的，但程咬金显然没有创业的自信。既然不能创业，那就只能择业了。不过从程咬金后续的跳槽经历来看，这位老哥绝对有着一般人所没有的毒辣眼光。

二

隋末的农民起义队伍很多，但真正算得上气候的，只有三股势力，即河南李密的瓦岗军、河北的窦建德军和江淮的杜伏威、辅公佑军。程咬金是个有能力的打工人，如果要投靠的话，当然得是最具投资价值的创业团队了！于是，实力最强的瓦岗军成了程咬金的第一任东家。

"瓦岗寨"这三个字在隋唐演义传奇中出现的频率很高,就连后来唐太宗李世民的创业班底也有不少人来自瓦岗寨。作为大唐开国功臣最有价值的背书,凌烟阁二十四功臣中有四人来自瓦岗军(张亮、程咬金、李勣、秦叔宝),足可以证明瓦岗军中人才济济。

程咬金的职业起点是很高的,他到瓦岗寨没多久就因为作战英勇而被李密赏识,负责统御瓦岗军中最精锐之部队,用李密的话来讲自己挑出来的这八千精锐足可以抵挡百万大军,而作为精锐部队的直接领导之一,程咬金在瓦岗寨的地位也不言而喻。

不过,随着隋炀帝不断失去民心,隋末乱局不断恶化,起义的阶级不再局限于农民,如太原李渊等原本镇守一方的官僚贵族势力也正式与大隋撕破脸皮,加入了逐鹿天下的队伍,这让原本就乱成一锅粥的大隋天下彻底陷入了无组织无纪律的权力真空时期。

隋大业十四年(618年),隋炀帝杨广走到了自己人生的尽头,他知道自己时日无多,时常对着镜子端详自己,然后对一旁的皇后萧氏说:"真是好头颈,不知谁来砍去。"九五至尊说出这样的话,我想那时的杨广一定已经做好了死的准备,他甚至在人生末路说出了一番足可以名载青史的至理名言:"贵贱苦乐,更迭为之,亦复何伤!"身份的贵贱,人生的苦乐,其实都是循环往复的,所以没什么好伤感的。

> 又尝引镜自照,顾谓萧后曰:"好头颈,谁当斫之!"后惊问故,帝笑曰:"贵贱苦乐,更迭为之,亦复何伤!"
>
> ——《资治通鉴·唐纪一》

杨广说这句话的时候，一定想到了他曾意气风发地率军攻破南陈，并在枯井中擒获南陈后主陈叔宝，完成了大隋一统天下的鸿图伟业；而今短短三十余年光景，他杀兄弑父得来的江山也已到了风雨飘摇的最后时刻。

至尊荣华转眼成空，昔年的陈后主还能在大隋的优待下苟活十六年，自己这落魄帝王该何去何从呢？

618年，隋炀帝被近臣宇文化及缢杀于江都（今扬州）。随着杨广被杀，隋末群雄也不再满足于给自己封王，如李渊、宇文化及、窦建德等人都迫不及待地称帝，华夏大地上瞬间涌现出好几个皇帝。

而作为农民起义军顶流的瓦岗寨，李密虽然没有选择称帝，却也加速了抢地盘的步伐。于是很快，李密便和新兴崛起的王世充势力爆发了大决战，而作为瓦岗寨的无双战将——程咬金也展现出自己的实力。

三

程咬金的业务能力很高，在那个非生即死的血杀战场上，他曾无数次浴血厮杀，让敌人闻风丧胆。

作为程咬金前半生最高光的时刻，他曾于百万军中力战，不仅抱回被流矢击中的同行将领裴行俨，还在被追兵以槊刺穿身体后，回身斩断长槊，又如猛虎下山般杀将回去，将一众追兵惊得肝胆俱裂，如斯人物无论到了什么时候都难掩其锋芒。

行俨先驰赴敌，为流矢所中，坠于地。知节救之，杀数人，

> 世充军披靡，乃抱行俨重骑而还。为世充骑所逐，刺槊洞过，知节回身捩折其槊，兼斩获追者，于是与行俨俱免。
> ——《旧唐书·程知节传》

不过，名将也难掩战略上的失误，李密与王世充的大决战还是以李密惨败告终，如程咬金、秦叔宝等瓦岗军名将也随之归顺王世充。

在程咬金眼里，王世充这位新老板虽然此刻声势浩大，但怎么看都不是个能成事的主，于是他对老朋友秦叔宝说出了自己的想法："王世充为人狭隘，还喜欢赌咒发誓，这哪里是能建功立业、拨乱反正的一代雄主，倒像是个老巫婆……"

> 然二人疾世充多诈，知节谓叔宝曰："王公器度浅狭而多妄语，好为咒誓，此乃老巫妪耳，岂拨乱之主乎！"
> ——《资治通鉴·唐纪三》

时隔千载光阴，我们也不得不佩服程咬金的识人之明，他对王世充的评价几乎可以称得上是盖棺论定式的评价，从这位隋末枭雄的结局来看（在流放途中被仇人之子所杀），当初的程咬金绝对是预言家。

和当初义无反顾投靠瓦岗寨一样，这一次的程咬金再度做出了正确的选择——投靠李世民，从此达到了他的职业巅峰。

程咬金投靠新东家李世民的时候是唐武德二年（619年），这一年的王世充势力已经和李唐势力到了不死不休的鏖战阶段。而作为率军征战的前线大将，程咬金当众跑路的行为让王世充势力遭遇了前所未有的危机。

一个创业公司的核心人物突然出走,并直接跳槽去了对手公司,其影响之大可想而知。更糟糕的是,程咬金不是一个人走的,他还带走了秦叔宝和李君羡、田留安等一众名将。

王世充很难过,因为他深知程咬金的英勇,所以只能眼睁睁地看着程咬金把自己骂了一顿后转身潇洒离去,却不敢追杀。随着程咬金正式加入李唐创业公司,这位本就勇冠三军的大将开始了自己的职业高光时期。

> 西驰百许步,下马拜世充曰:"仆荷公殊礼,深思报效;公性猜忌,喜信谗言,非仆托身之所,今不能仰事,请从此辞。"遂跃马来降,世充不敢逼。
>
> ——《资治通鉴·唐纪三》

四

讨论唐初名将的战功大小,官方排行榜——凌烟阁二十四功臣是绕不开的话题。能名列凌烟阁二十四功臣第十九位,程咬金的军功已经不言而喻。

史书中的程咬金并不憨憨傻傻,他有着勇冠三军的武艺,时常担任先锋大将的重要军职,并在一次次冲锋陷阵中一马当先,让敌人闻风丧胆、不得不避其锋芒。也正是在程咬金等一众文臣武将的辅佐下,李唐有了一统天下的底气和能力。

但当外患渐渐平息的时候,李唐集团内部的矛盾也到了无法调解的地步。简单地说,作为一个创业公司,董事长李渊面对的是一个非常尴尬的问题——接班人问题。

大儿李建成是按照正统礼法被确认的东宫太子，但二儿李世民是战功无双，深得一众创业元老们认可的"天策上将"，更重要的是，李唐的偌大天下基本都是二儿子李世民打下来的……于是在李唐内部，太子势力和秦王势力（李世民当时为秦王）逐渐走向了不死不休的绝路。

于是，在唐武德九年六月初四（626年7月2日），史上最著名的兄弟喋血事件——玄武门之变爆发了。秦王李世民带着一众心腹将自己的大哥（太子李建成）、四弟（齐王李元吉）就地诛杀，并于两个月后正式登基称帝，传说中的贞观盛世也随之拉开序幕。

玄武门之变的所有参与者都是李世民的心腹。

换句话说，这种但凡失败就得满门抄斩、株连九族的大事，所有成功活下来的参与者都将永远得到"带头大哥"李世民的信任。

而这一次，程咬金又站队成功了。

跟着靠谱的老板混，职业发展是不会差的。从贞观元年（627年）起，程咬金便一路升迁，这位跟随英主出生入死的一代名将得到了他该有的待遇，直到显庆元年（656年）屠城事件的发生，这位一生戎马的名将没有任何污点。

不过此时的程咬金已经是年近七旬的老人了，纵然曾有着万夫不当之勇，也不得不面对名将迟暮的必然结局。人生最后的九年，程咬金在富贵优游中度过，他曾为之奉献半生的大唐帝国也在高宗李治的治理下到达了又一个新的高度。

从血染的沙场归来，重回富贵老家翁，还在临终之际看到自己用命拼杀来的帝国蒸蒸日上，我想对于程咬金来说，这并不失为一个体面的结局。

义成公主

回不去的大隋

唐贞观四年（630年），年年被东突厥寇边不胜其烦的大唐，终于放弃了"东突厥最终会臣服"的幻想，大唐帝国以开国元勋李靖为主帅，展开了对东突厥的大规模用兵。

曾嚣张跋扈、不可一世的东突厥势力在唐军的强大攻势下土崩瓦解，不仅东突厥首领颉利可汗被生擒至长安，连一直被东突厥保护的前隋皇族萧皇后和名义上的隋帝杨政道也被一同俘虏带回。

虽然成王败寇，但这些或被生擒、或主动投降的东突厥及前隋王公们还是得到了李世民的礼遇，唯独有一个女人在东突厥兵败被俘时，遭到了李靖毫不犹豫的灭口。

这个女人的身份很特殊，因为她是前隋嫁往东突厥的宗室女，也是先后四代东突厥可汗的妻子。如此高贵身份的女人却在所有人都得到宽恕的时候，倒在了李靖的无情屠刀之下，这位被史书称为义成公主的传奇女性，为什么就非得死呢？

答案无其他，也许其他人愿意匍匐于大唐的浩浩天威之下，成为李世民忠实的拥护者，但义成公主不会，即便是她一生捍卫的大隋此时已经亡国十数年，即便是她奉为正朔的杨政道和萧皇后都已经束手投降，身为大隋宗室女的义成公主也依然宁死不降。

"我为大隋宗室女，必为大隋天下死，大唐就是我的死敌。"这是义成公主用生命诠释的信念。

一

为了稳定边疆部落的人心，同时也为了巩固中央王朝对于边塞的控制力，身居中原的帝国统治者除了劳师远征，以强大军力震慑边塞诸国部落之外，以宗室女和亲的方式也是历朝历代所推崇的最有效办法之一。以女子和亲本质上就是一种牺牲，牺牲女子的一生换取成千上万将士的不再征战。

但封建帝制两千年里，几乎没有和亲女子最终能重返故土，在那个交通不便的封建社会里，一旦和亲女子辞别帝都皇城的繁华，从此便只能与风沙为伴。

历史上用以和亲的宗室女很多，最著名的莫过于在大唐贞观年间远嫁吐蕃的文成公主。从时不时寇边的死敌到成为以中原王朝马首是瞻的女婿，文成公主和松赞干布的结合为大唐与吐蕃两国之间赢得了长久的和平。

岁月悠长，曾经的传奇故事早已湮没在历史的浩荡激流中，大唐文成公主的名字虽然得以被保留，但那一千多年前，为了大隋不遗余力的义成公主却只能湮没在浩如烟海的史书典籍里，不再被众人提起。

如果回到那个终结魏晋南北朝乱局的大隋，回到那个还没有纷乱崩裂的大隋天下，义成公主这四个字重新变得鲜活起来。

隋开皇十九年（599年），因为两年前嫁与东突厥启民可汗的安义公主病故，作为后继者的义成公主便肩负着大隋和东突厥两国之间的友好使命，向着风沙弥漫的大漠边塞挺进了。

历史上，对于义成公主抵达东突厥后的生活并没有过多记载，在那个时代，一旦嫁入东突厥就意味着此生再回中土已无望。但义成公主自始至终都没有对大隋有怨怼，相反她一直对大隋保有母国的眷恋。

义成公主在史书上第二次出场的时候，已经是隋大业三年（607年）了。三年前，杨广通过弑父的大逆手段最终登上了皇帝宝座，为了能坐稳江山，杨广对可能造成威胁的兄弟子侄展开了血腥屠杀，大隋帝国也正是在这样充满了血腥杀戮的残忍中迎来了它的第二位，当然也是最后一位皇帝。

千年后的我们不知道远在东突厥的义成公主是否也风闻杨广弑父夺位的消息，但当隋炀帝于大业三年（607年）御驾巡游天下、抵达榆林郡的时候，启民可汗带着妻子义成公主前来面圣，这是时隔八年以后义成公主第一次看到亲人。

按照史书上的记载，萧皇后甚至住在了义成公主的营帐里，这场相逢对于远在东突厥的义成公主来说很珍贵，因为在那之后，义成公主的每一次出场，都是在用性命保全与捍卫大隋的尊严。

杨广也一定想不到的是，他只不过是例行公事般接见了一位数年前被远嫁东突厥的亲戚，却不承想到他施舍般赏金赐银的对象，会在往后的十数年里不惜杀夫废子，也要为他报仇。

二

对于远嫁边塞的义成公主来说,大隋是她永远回不去的故乡,她身上肩负着大隋与东突厥的和平重任,在异国他乡的东突厥小心翼翼地呵护着这来之不易的和平。

在和隋炀帝第一次见面后的两年,义成公主的丈夫启民可汗便撒手人寰,而按照当地的风俗习惯,义成公主以后妈的身份直接成了第二任东突厥可汗始毕可汗的妻子。但随着东突厥势力的不断壮大,大隋和东突厥之间的关系也逐渐发生了微妙的变化。

强大的东突厥是大隋的噩梦,即便是改朝换代之后,东突厥势力依然严重威胁着大唐的疆域安全,所以才有了唐太宗时代对于东突厥的频繁用兵,不过这些都是后话了。

对于大隋来说,将日渐壮大的东突厥内部分化,使其陷入内耗的恶性循环,这是上上之策。作为大隋总揽北蕃军事的名臣——能人裴矩提出,再嫁一位宗室女给始毕可汗的亲弟叱吉设,同时封叱吉设为南面可汗,让这对兄弟直接内斗起来。

但叱吉设畏惧兄长的威势,丝毫没有与哥哥始毕可汗争权的野心,这非但让裴矩内部分化东突厥的计划泡汤,还使得始毕可汗深深恨上了大隋。

> 矩以始毕可汗部众渐盛,献策分其势,将以宗女嫁其弟叱吉设,拜为南面可汗。叱吉不敢受,始毕闻而渐怨。
>
> ——《隋书·裴矩传》

一计不成又生一计的裴矩直接诱杀了始毕可汗的心腹爱臣,这让新仇旧恨一起涌上心头的始毕可汗直接和大隋撕破脸皮，不仅断了朝贡关系，而且从此变成了死敌。

没人知道在双方敌对的那些年里，身处东突厥的义成公主是怎么熬过去的，当这位苦命的和亲公主再出现在史料记载中的时候，已经到了隋大业十一年（615年）了。

历史上对于隋炀帝的评价很低，因为他仅仅用了十几年的时间，就把老爹隋文帝杨坚留下的富饶帝国败得精光，究其原因还是隋炀帝天性张扬、好大喜功的个性使然。

这样的帝王永远沉醉在万邦来朝、前呼后拥的盛世美梦里，从来都不考虑铺张浪费背后所消耗的民脂民膏。执政期间多次全国巡游的隋炀帝，无比享受每到一处便山呼海啸般拜服的感觉。

但发生在大业十一年（615年）的一场灾厄，直接让这位年年全国出巡的皇帝从此不再意气风发，他甚至不愿再待在处于北方的都城里，直接躲到了江都行宫中醉生梦死，直到被自己的"保安队长"宇文化及勒死。

发生在大业十一年（615年）的"雁门之围"，是隋炀帝一生的梦魇。这一年八月，得知隋炀帝巡游北塞的消息后，始毕可汗迅速集结数十万大军对隋炀帝车驾发起了猛烈进攻。东突厥来势汹汹，如果不是义成公主提前察觉始毕可汗的用兵意图，冒着生命危险通知隋炀帝车驾赶紧回銮雁门郡，等待隋炀帝的将是大隋版"土木堡之变"。

但饶是如此，当数十万东突厥骑兵遮天蔽日出现在雁门的时候，隋军仍然胆战心惊，面面相觑。因为此时城中可以动用的兵力和民力满打满算也只有十五万人，更让人绝望的是，城中粮草仅够支撑二十天。

雁门郡所属四十一座城池，在短时间内被连续攻陷三十九座，连东突厥军队射出的箭矢都直接落到了隋炀帝的跟前……不出意外的话，逃入城中的隋炀帝依然会成为东突厥的瓮中之鳖。

> 戊辰，始毕帅骑数十万谋袭乘舆，义成公主先遣使者告变。壬申，车驾驰入雁门，齐王暕以后军保崞县。癸酉，东突厥围雁门，上下惶怖，撤民屋为守御之具，城中兵民十五万口，食仅可支二旬，雁门四十一城，东突厥克其三十九，唯雁门、崞不下。
>
> ——《资治通鉴·隋纪六》

三

雁门之围先后持续了二十天。二十天的时间让万乘之尊的隋炀帝变成了惶惶不可终日的丧家犬。曾几何时，杨广也是统率千军万马攻灭南陈的少壮英杰，如今却变成了深陷绝地，只能抱着儿子痛哭的可怜虫。《资治通鉴》中以"上大惧，抱赵王杲而泣，目尽肿"这寥寥数语，定格了这位帝王最难以启齿的羞赧时刻。

就在这援兵未到、围城愈紧的关键时刻，义成公主再度冒着生命危险，向远在雁门前线的始毕可汗传了"北方有敌人来犯"的假消息。倾尽全国之兵攻打雁门郡的始毕可汗听闻此信哪里还敢停留，连忙回师，这才让隋炀帝逃出生天，又过了几年快活日子。

就像是及时雨般，远在东突厥的义成公主始终关注着母国的动向，并在力所能及的范围内给出最大的支持。从提前告知东突厥用兵，到假传军情让东突厥退兵，义成公主当之无愧于"雁门之围"得解的最大功臣。

但隋炀帝的身边,"义成公主"太少,"宇文化及"这样的佞臣太多。

雁门之围后的隋炀帝变得越发颓废,他开始流连江南,并于第二年直接搬去了江都,直到大业十四年(618年)被宇文化及缢杀于江都行宫中。享国三十七年的大隋就此化为历史的时间坐标,分崩于乱世的滚滚硝烟中。

隋末乱世的硝烟一定早就传到了东突厥,但义成公主不是那段历史的主角,没有史官记录下当听闻隋炀帝被杀、李唐建国时,义成公主说过什么,又做过什么。正史中关于义成公主的相关记载,只是那么寥寥数语而已。

但就是这样的寥寥数语,我们却能看到一个远嫁异国的大隋宗室女,是如何凭借着自己的能力在异国他乡站稳脚跟,并在掌握最高权力后,用尽一切手段,以玉石俱焚的方式来捍卫那个已经远去的大隋帝国的。

唐武德二年(619年),义成公主以一剂五石散送走了第三任丈夫处罗可汗,又因为亲生儿子不堪大任,直接力排众议拥立处罗可汗之弟为东突厥新一任可汗,也就是颉利可汗。

"杀夫废子"这样的铁血手腕,就算是和后来的唯一女帝武则天相比也不遑多让,但此时已经完全掌控东突厥权力的义成公主依然没有忘却大隋。

即便大隋正朔已经断绝,义成公主依然以强大的战略压力迫使隋末起义军首领窦建德杀了宇文化及,并派人护送隋炀帝遗孀及孙子——萧皇后、杨政道前往东突厥,建立了一个不为人所知的后隋政权。

"与大唐不共戴天"是义成公主此后人生的主旋律，其实我们设身处地地想想，难道义成公主不知道大隋根本不可能再回去了吗？

义成公主当然知道！如果向大唐称臣，她可以得到长久的太平和绝对的尊崇，甚至哪怕只要不和大唐为敌，她也可以享受富贵荣华、养尊处优直到终老。

但她为什么非要坚持着一个根本不可能完成的奢望，并为此付出生命的代价呢？

没有为什么，就是为了大隋，为了那个永远也回不去的大隋。

四

颉利可汗不是义成公主，对于他而言，中原王朝是姓杨还是姓李一点儿也不重要，打得过就多要点，打不过就见好就收。但义成公主则始终不遗余力地促使突厥与大唐发生战争，直到唐贞观四年（630年），整个东突厥势力被李靖消灭。

东突厥和大唐两国都为义成公主的疯狂付出了惨重的代价，所以对于唐太宗李世民而言，任何人都可以宽恕，只有义成公主不可以。

史书上最后留给义成公主的，只有"杀其妻隋义成公主"这八个字，这位在正史中总字数不超过一百字的传奇女子，终于在大隋灭亡十二年后，为大隋慨然赴死了。

薛仁贵

我就是『薛丁山』的名将爸爸

唐永徽五年（654年），圣驾巡幸万年宫，是夜天降暴雨，暴虐的山洪咆哮而来，整个万年宫如同海上孤舟般即将倾覆在洪泽之中。这是唐高宗李治的生死存亡一刻，因为扈从的侍卫宫人都已经四散奔逃，内宫众人完全没有意识到此时洪水已经冲破万年宫北门，江山社稷岌岌可危。

危难时刻，一位随从将官飞身越上重重下坠的大门，高声疾呼，终于在酿成"不可言说"的巨大灾难之前，叫醒了熟睡中的唐高宗李治。

获救后的李治很激动，他望着眼前的"恩人"欣慰地说："若没有你，我怎么能全身而退呢？我今日方知身边有忠臣啊！"后来，李治甚至赏赐一匹御马给那位名为薛仁贵的将官。

> 高宗幸万年宫，山水暴至，夜突玄武门，宿卫皆散走，仁贵曰："当天子缓急，安可惧死？"遂登门大呼，以警宫内，帝遽出乘高。俄而水入帝寝，帝曰："赖卿以免，始知有忠臣也。"赐以御马。
> ——《新唐书·薛仁贵传》

得益于隋唐传奇小说的风行，有唐一代被人所熟知的名将有很多，如"门神搭档"秦叔宝、尉迟敬德，还有半路杀出个程咬金等。除了这些大唐开国功勋的故事之外，最让人津津乐道的，莫过于薛丁山与樊梨花的传奇故事了。

薛丁山史上查无此人，但在小说演义中为了让薛丁山的形象更加丰满，传奇小说家们为薛丁山找了一位有据可查的名将父亲——薛仁贵。

薛仁贵的人生很精彩，他是于雨夜救高宗的恩人，也是于阵前"三箭定天山"的名将，人生的起点很低，成名的年龄不小，但薛仁贵却用自己的一身军功在史书上留下了浓墨重彩的一笔。

一

名将之后的薛仁贵并没有沾到祖上的荣光，因为父亲的早逝，他年少的时光都是在困顿与窘迫中度过的。为了改变自己的处境，薛仁贵在妻子的劝说下应征入伍，并开始了从铁血征战中重现先祖荣光的军旅生涯。

薛仁贵开始崭露头角的时间不算早，真正让他一战成名的，是贞观十九年（645年）唐太宗远征高句丽之战。那时的薛仁贵已经三十一岁了，还只不过是个名不见经传的低级将官，一身惊人武艺苦于无人问津。但很快，战场局势的瞬息万变给了薛仁贵一个很好的表现机会。

当时一位名为刘君邛的将领深陷于高句丽军的重重包围之中，在大唐即将痛失一将的时候，只见万军之中身着白衣、手持画戟、腰系硬弓的薛仁贵如同天神下凡般冲开重重阻却，直接将高句丽将领斩于马下，旋即将敌人首级拴于马鞍之上，再度纵马而来，惊得高句丽大军疯狂后撤，刘君邛由此得救，而薛仁贵自此一战成名。

> 仁贵自恃骁勇，欲立奇功，乃异其服色，著白衣，握戟，腰鞬张弓，大呼先入，所向无前，贼尽披靡却走。大军乘之，贼乃大溃。
>
> ——《旧唐书·薛仁贵传》

薛仁贵是个很有想法的将领，他深知时不我待，所以对于他而言，要想尽快成名，必须要"富贵险中求"。万军之中着白衣是一件很危险的事情，自古以来无数英雄好汉都是因为太过显眼而被干掉，但底层将官的薛仁贵偏偏敢穿着白衣冲锋陷阵，这让当时唐军的最高统帅——李世民对其留下了深刻的印象。

唐贞观十九年（645年）是个比较尴尬的时间点，有着鸿图霸业理想的李世民仍然奔走在开拓版图的最前线，但跟着他一起打天下的那些开国功勋都已经人到暮年，能真正冲锋陷阵的人寥寥无几。

大唐急需一批正值壮年、骁勇善战的新生代将领，所以当薛仁贵一袭白衣冲入敌阵、斩将夺旗的时候，戎马一生的李世民仿佛在他的身上看到了自己曾经的影子，贵为天子的他特意让左右扈从叫来薛仁贵，并说了一段分量很重的勉励之语："朕不喜得辽东，喜得卿也。"

"我高兴的不是能打下辽东地区，我高兴是能得到你这样的将才。"这是来自帝国的最高认可，也是薛仁贵正式踏入大唐庙堂的标志性时间点。从那一刻起，薛仁贵的名字就已经被史官记下了。

不过真正成就薛仁贵传奇名声的人并不是唐太宗李世民，而是他继任者唐高宗李治。薛仁贵对于李治而言，是忠心耿耿的救命恩人；而李治对于薛仁贵而言，也是给他机会的识人英主。

二

唐永徽五年（654年），薛仁贵于夏夜山洪暴发之际救驾的行为，让李治十分感动，再联想到自己的父亲曾盛赞过薛仁贵的勇猛刚毅，于是李治大胆启用薛仁贵为程名振副将，于唐显庆三年（658年）参与了高宗时代的平定高句丽之战。

重返辽东战场的薛仁贵一定感慨万千，九年前的他还只不过是个毫无名气的碌碌之辈，九年后的他却已经成了指挥一方的将帅。九年时间物是人非，但当初那个单枪匹马就敢横冲敌阵的薛仁贵仍然还是当初的飒沓青年。一声令下，一马当先的薛仁贵率众掩杀过去，高句丽军全线溃败，薛仁贵斩首三千。

显庆三年（658年）的大唐庙堂上已经鲜少有开国功勋的存在了，凌烟阁二十四功臣中的名将也只剩下程咬金和徐世勣这两人，余者如尉迟敬德、秦琼、柴绍等一众名将都归尘归土，而如苏定方、薛仁贵、裴行俭、刘仁轨等少壮派帝国名将开始活跃在大唐辽阔的疆域上。

仿佛是为了与时间赛跑，战场上的薛仁贵永远带着舍我其谁的勇猛，他最爱的就是于百万军中取上将首级。

他曾手执硬弓冲入敌阵，射箭必中，让人闻风丧胆；他还曾单枪匹马直入万军,将敌将生擒活捉,让人瞠目结舌;箭术高超的他更曾以一箭透五甲的惊人表现,让唐高宗为之赞叹……也正是在这一次又一次的搏命拼杀中,薛仁贵终于站在了同时代武将第一序列的位置上。

唐龙朔二年(662年),薛仁贵率军奔赴天山,拥兵十数万的九姓铁勒于阵前派出数十名精锐挑衅唐军,神勇无比的薛仁贵匹马单枪应战而出,搭弓射箭,三射三中,让其余精锐心服口服,纷纷下马归降。

原本气焰嚣张的九姓铁勒顿时气势大弱,并在随后的唐军进攻中兵败如山倒,从此退出了历史舞台,而薛仁贵也在无意之中达成了一个让后世啧啧称赞的历史成就——"三箭定天山"。

> 军中歌曰:将军三箭定天山,战士长歌入汉关。九姓自此衰弱,不复更为边患。
>
> ——《旧唐书·薛仁贵传》

唐高宗乾封初年,趁着高句丽国中内乱的机会,薛仁贵第三次回到了高句丽战场。时光匆匆,此时的唐太宗李世民已经龙驭上宾近二十年,未能彻底消灭高句丽也成为这位雄主的终生之憾。而作为他英姿的见证者和遗志的继承者,已经五十出头的薛仁贵开始了自己军旅人生中最高光的时刻——歼灭高句丽。

三

高句丽并不好打,但作战勇猛的薛仁贵仍然和二十年前的小将薛仁贵一样，每每作战冲杀在前，麾下将士更是被军事长官的行为所激励，纷纷舍生忘死。薛仁贵在前线的英勇事迹传到了后方李治的耳中，他甚至亲自为薛仁贵写了一封手书，勉励这位大将：

"金山大阵，凶党实繁。卿身先士卒，奋不顾命，左冲右击，所向无前，诸军贾勇，致斯克捷。宜善建功业，全此令名也。"

也就是说，这次大胜全靠你奋不顾身，以身作则，你要继续好好表现，成就不世之功名。

领导的话让薛仁贵很感动，于是更加奋不顾身的他带着千余人直接朝着平壤发起了猛烈的进攻，连战连捷，连攻连陷，史书上甚至用上了"并海略地"这四个字，而坚挺了七百年的高句丽也在薛仁贵和徐世勣的合击之下彻底退出了历史舞台。

至此，大唐子民无人不知薛仁贵的名声，他的名字也被深深镌刻在大唐的功勋榜上，和徐世勣这样的帝国名宿一起光耀千古。

纵然年少家贫，困顿窘迫，但好在薛仁贵的人生都在向上走，从第一次高句丽战场上单枪匹马杀敌将的无名氏，到后来指挥千军万马攻灭高句丽的帝国统帅，薛仁贵用了二十几年的时间，实现了华丽逆袭。

我想在被加官晋爵的时候，薛仁贵一定想到了自己未入伍前的一件旧事。那时的他穷困潦倒，曾想迁坟却被妻子阻止，他的结发妻子柳氏说："你是不世将才，只是未逢其时，不如从军出征辽东，等富贵之后，再回来迁坟。"

将改葬其先，妻柳曰："夫有高世之材，要须遇时乃发。今天子自征辽东，求猛将，此难得之时，君盍图功名以自显？富贵还乡，葬未晚。"

——《新唐书·薛仁贵传》

正是发妻的这句话，让薛仁贵踏上了军旅之路，辗转二十余载，终于成就了一代名将的赫赫威名。所以，千百年前的历史经验也生动地告诉了我们：一个靠谱的贤内助，到底有多重要。

唐咸亨元年（670年）以前，薛仁贵的军旅生涯都未曾有过败绩，但就是在这一年里，他却迎来了自己人生中的第一场大败——大非川之败。站在后世人的角度来看，大非川之败的原因不全然在薛仁贵身上，更多的是因为薛仁贵遇到了不省心的副手和不世出的名将。

大非川之战是大唐与吐蕃在消停数十年后再度爆发的一场大规模冲突，此时的大唐女婿松赞干布已经去世二十年，吐蕃军政大权完全掌握在一个名为论钦陵的吐蕃宰相手中。二十年的政局变化，早已让松赞干布与文成公主的故事变成了历史美谈，蛰伏了数十年，吐蕃铁蹄出征，转眼间便攻陷了大唐苦心经营的安西四镇。

安西四镇的陷落，对于大唐帝国而言无疑是一场地震，为了尽快收复失地，唐高宗派出薛仁贵。选择薛仁贵担任对吐蕃的作战总指挥是明智的，但尴尬的地方就在于唐高宗还给薛仁贵安排了一个副手——郭待封。

郭待封和薛仁贵的出身很相似，都是名将之后。

但不同的地方在于，薛仁贵的祖先是前朝名将，传到薛仁贵手上的时候除了自己争气没有倚仗；而郭待封的父亲就是贞观年间的名将郭孝恪，父亲死得悲壮（殉国），这让功臣之子的郭待封总有种高人一等的优越感。

更何况曾几何时,薛仁贵和自己只是平级,怎么转眼之间他为正我为副了呢?这样的草根也配做自己的领导吗?就是在郭待封这样不服气的心理下,唐军一败涂地的宿命已经悄然写就。

待封尝为鄯城镇守,与仁贵等夷,及是,耻居其下,颇违节度。
——《新唐书·薛仁贵传》

四

按照薛仁贵的战略思想,搬运粮草辎重太过耗时费力,全军应该轻装上阵,破敌即还。而粮草辎重等一应物资都可以驻扎在大非川,留下两万人马守备即可。

从唐军一开始急行军至河口,大破敌军,并缴获粮草牲畜不计其数的战绩来看,薛仁贵的战略思想是正确的。但让薛仁贵万万没有想到的是,不听话的郭待封居然带着唐军所有的粮草辎重缓慢靠近了。

论钦陵是吐蕃不世出的名将,懂得把握一切战机的他迅速派出二十万精锐将郭待封部及所有粮草辎重团团包围,最后尽数歼灭,唐军所有的后勤补给也随之尽归吐蕃。

此时,正驻扎在乌海城中的薛仁贵知道已经无力回天,他不甘心地带着军队重新撤回大非川,此时的唐军不仅饿着肚子,而且士气低落,还未等他们稳住阵形,吐蕃四十万大军便直扑而来⋯⋯至此薛仁贵一世英名毁于一旦,大非川之败也成了这位名将身上再也无法洗去的污点。

大非川之败的代价很大,本想靠着唐军复国的吐谷浑直接从历史上消失，嚣张的吐蕃再度成了大唐的心腹大患，而作为本次军事行动的直接负责人——薛仁贵和郭待封本来论罪当诛，但朝廷还是念及昔年军功而让二人免死，被贬为庶人。

郭待封这样的人随着被贬为庶人后便于史料中不知所终，但薛仁贵的故事还没有结束，他在之后的人生里起起落落，直到唐永淳元年（682年）作为主帅奉命前往云州抵抗突厥。云州之战是薛仁贵军旅生涯中的最后一战，和曾经无数次战胜敌人一样，这一次的薛仁贵在没有掉线队友的掣肘下，又一次击溃了来犯的突厥。

史书给薛仁贵定格了他为将一生中最骄傲也是最落寞的传奇画面。

当来犯的突厥听闻唐军主帅是薛仁贵的时候，并不相信的突厥人问道："我听闻薛将军已经在流放象州时病故，怎么可能死而复生呢？"

已经六十八岁的薛仁贵纵马来到突厥阵前，他摘掉了自己的头盔，露出了满鬓斑白，纵然岁月催人老，但薛仁贵那纵横沟壑的脸上依然写着刚毅，和四十年前初入军伍时一样的刚毅。

突厥人都曾在先辈的口中听过"三箭定天山"的传说，所以当薛仁贵真正出现在他们面前的时候，突厥士兵下马列队作揖，然后四散奔逃。

> 突厥问曰："唐将为谁？"曰："薛仁贵。"突厥曰："吾闻薛将军流象州死矣，安得复生？"仁贵脱兜鍪见之，突厥相视失色，下马罗拜，稍稍遁去。
>
> ——《新唐书·薛仁贵传》

云州大捷后的第二年,六十九岁的薛仁贵终究未能抵御岁月的侵蚀,轰然陨落。这位曾因生计难以为继才转而投军的将军,终于实现了他想要"体面生活"的理想。

来时,薛仁贵是身无长物的贫寒子弟,只一袭白衣,一匹烈马。

去时,薛仁贵是誉满天下的帝国名将,他曾因大非川之败而重回白衣,却又靠着自己的战绩与军功重返沙场,并于死前成功恢复了他名将的传奇。

薛仁贵死后,大唐给予了他应有的体面,载着薛仁贵灵柩的车队从长安城出发,向着他的故里走去。这是昔年薛仁贵的来时路,而今也是薛仁贵的归途,只是他来时孑然一身,归时满载荣光……

黄沙漫卷,旌旗飘扬,我仿佛又看到那飒沓青年,手持画戟,单枪匹马向着千军万马杀去……

王玄策

什么叫『一人灭一国』

唐贞观二十一年（647年），在威名远播西域的一代雄主李世民的支持下，一个三十余人的使节团从长安出发，朝着遥远的西域诸国进发。不过对于唐太宗来说，本次出访的目的地——天竺是个并不那么重要的地方，因为太过遥远，大唐的猎猎雄风似乎也没必要吹到天竺的大街小巷。

但对于使节团的一把手王玄策来说，出使天竺是他的命之所系，位卑言轻的他虽然无法像李靖等当世名将策马边疆，威震西域，但能通过自己的绵薄之力让大唐这一伟大国度的名字流传天竺诸国，也算是人生价值的体现。

让王玄策没有想到的是，他的这次出访并未能像是数年前载誉而归的玄奘法师一样得到天竺诸国的礼遇，反而无端被卷入了当地的一场政变中，三十余人的使节团因为寡不敌众尽数被俘，只有王玄策和副手蒋师仁得以逃脱。

按照一般人的思路，如果在异国他乡遭遇当地政府的重点针对，稍有不慎就只有死路一条，最好的选择就是赶紧溜之大吉。但不是一般人的王玄策却在蓬头垢面、孑然一身后跑到邻国，做了一件让人至今想起来都很疯狂的决定,并由此奠定了这位名不见经传的大唐小人物的万世之名。

如果在天有灵的王玄策看到如今的人们盛赞其"一人灭一国"的不朽战功,他应该会哭笑不得吧,毕竟这位仁兄的最高官职也只是个从五品下的朝散大夫。

王玄策的心里话一定是:"你们都夸我一人灭一国,可正史连我的传记都没有,难道我不配吗?"

一

王玄策身处的时代算得上是大唐帝国最值得让人怀念的时代了,没有建国初的兵荒马乱,只有君臣和谐的盛世气象。

唐贞观四年(630年),大唐名将李靖巡镇西北,嚣张一时的东突厥势力被尽数歼灭,走投无路的东突厥颉利可汗在逃亡路上被生擒,自此大唐李世民的名字便永远铭刻在了西北诸国的骨血里,心悦诚服的西北诸国共同尊奉李世民为天可汗,大唐的文治武功达到前所未有的顶峰。

> 夏四月丁酉,御顺天门,军吏执颉利以献捷。自是西北诸蕃咸请上尊号为"天可汗",于是降玺书册命其君长,则兼称之。
> ——《旧唐书·李世民本纪》

作为大唐的子民,王玄策于盛世气象中茁壮成长,想要为国家开拓疆域、远播威名的理想就像是一颗种子植根于他的内心深处,随着他年岁渐长,这一梦想成了他人生的方向。

虽然如今的人们提起王玄策时，都会对他心向往之，但在贞观年间的大唐子民看来，王玄策实在只是个微不足道的芝麻小官而已。作为一个生卒年不详的人，王玄策的相关事迹只散见于一些记载中，大唐正史中甚至都未曾给他留下一篇专门的人物传记。

因为贞观年间的历史大舞台实在是太拥挤了，文臣如云，武将如雨。文有房玄龄、杜如晦、长孙无忌等，更有魏徵这样的铁骨谏臣匡正朝纲；武就更不必说了，李靖、徐世勣、尉迟敬德、苏定方等一众不世出的名将都拱卫着大唐帝国的辽阔边疆，像王玄策这样的小人物，在大唐正史之中未曾留下专门传记不足为奇。

所以，当我们试图通过史书的寥寥数语还原一个真实的王玄策时，会发现这位当世无名、后世有名的仁兄，居然连生卒年这样重要的信息都无处可考证，至于其前半生到底经历了什么，也早已湮没在了历史的滚滚风沙中。

我们不知道王玄策的家族传承，不知道王玄策是否考取功名，不知道王玄策生老死葬，唯一知道的是王玄策曾经担任过融州的黄水县令，而这也是有关王玄策的信息第一次出现在史书中。

总而言之，渺小的王玄策就这么悄然出现在了大唐的政治舞台上，紧接着有关于他的记载便是在唐贞观十七年（643年）了。一心想要远赴西域为大唐扬名的王玄策终于等来了机会，当年三月他便作为副使跟团护送婆罗门使者回国，并在摩伽陀国的著名打卡圣地摩诃菩提寺立碑，为遥远的东方大国大唐扬名。

面对着异国他乡的不同风土，立碑的王玄策一定于胸间激荡出大国子民才有的骄傲，这场浅尝辄止的异国之行也让这位年轻人深深爱上了万水迢迢远赴异域的征服感。

在王玄策之前，玄奘法师曾孤身穿越茫茫风沙，并于天竺诸国之间盘桓数年，以精深佛法让天竺诸国一众高僧折服，更是被当时一统北印度的戒日王顶礼膜拜。当玄奘法师于贞观十九年（645年）返回长安时，他不仅带回了无数佛学经典，还让大唐子民了解到了遥远西方的故事。

于是在唐太宗的支持下，在玄奘法师重返中土后的第二年，王玄策带着唐太宗的期待，向着玄奘法师曾走过的天竺诸国进发了……

二

按照玄奘法师带回来的消息，遥远的天竺有一位名为戒日王的君主，他所治下的中天竺国国力雄厚，同时还对神秘东方大国大唐充满了好感，所以一开始的王玄策并不觉得此次出访会有什么变故。

当进入天竺境内后，王玄策终于彻底放心了。因为沿途诸国对大唐使节团的到来都很友善，纷纷献上了本国的宝物，但等王玄策等人进入那个传说中被戒日王治理得蒸蒸日上的中天竺国时，情况开始两极反转。

才不过两年光景，玄奘法师走的时候还活蹦乱跳的戒日王，此时已经病故，没有留下明确继承人的他就这么突然离世，留下一个幅员辽阔的国家和一大堆狼子野心的臣属。算起来，戒日王应该算得上是印度历史上继阿育王之后又一个伟大的君主，能重新把一盘散沙的北印度地区归于一统，但和阿育王一样，他打造的大一统帝国也在他死后又迅速陷入了分裂与混战。

当王玄策等人到达中天竺国的时候，该国内部的斗争基本接近尾声，一个名为阿罗那顺的臣子成了这场动乱的最终胜利者，当他美滋滋地坐在王座上享受万民朝拜的时候，来自遥远东方的王玄策等人落入了他的眼中。

和前任戒日王想要和大唐搞好关系不一样的是，阿罗那顺看中的是王玄策等人携带的奇珍异宝。

月黑风高夜，杀人放火天。趁着王玄策等人毫无防备的情况之下，阿罗那顺带着本国军队对只有三十余人的使节团发动了猛烈进攻，寡不敌众的使节团全军覆没，只王玄策和副手蒋师仁两人逃出生天。

此时，掉头回长安是最安全的办法，但王玄策一辈子的名声估计就毁了。更重要的是，阿罗那顺袭击使节团的行为是个很严重的政治问题，尤其是对于王玄策这种把国格看得比生命还重的人来说，宁可自己死，也绝不能丢了大唐的颜面。

于是"忍一时越想越气，退一步越想越亏"的王玄策逃到邻国吐蕃，一气之下就地搬救兵。

对于那时的王玄策来说，所能凭借的只剩下自己大唐使节的身份而已，但对于西域诸国来说，大唐使节这四个字就是皇皇天威，就是天可汗的化身。

所以当王玄策表示需要人的时候，一众想要跟大唐搞好关系的国家都马上响应，比如大唐的女婿——吐蕃赞普松赞干布就派出了一千两百精锐骑兵，泥婆罗国（尼泊尔）也派出七千骑兵支援。从未领过兵打过仗的复仇者王玄策，就这么带着不到一万的人马又冲回中天竺国找场子去了。

三

王玄策和阿罗那顺的战斗在史书上并没有过多的记载，大概是因为对于大唐来说，这种等级的对手实在不值一提，花大篇幅来记载这样的战争实在是有些不好意思。

历史上只记载了本次战役的结果：第一战王玄策三日破城，斩首三千，溺毙一万；第二战蒋师仁斩首千人，生擒阿罗那顺；第三战蒋师仁再度破城，王公贵族尽数被俘；最终俘获男女一万两千余人，牲畜三万余只，归降城池五百八十座……

王玄策很淡定，因为在他的心中大唐就是战无不胜的，自己只不过是又一次证明了这个事实而已（虽然这些军队不是大唐的嫡系部队）；天竺诸国很惶恐，一个大唐的使节就这么能打，而且还是直接碾压天竺最强大的帝国——中天竺国，那要真是大唐有心来攻打天竺，那还不是直接等于灭国了？

史书上用了"天竺震惧"这四个字来描述此战的效果，瑟瑟发抖的东天竺国国王送来三万牛马犒军，沿途一众国家更是直接献上地图以示归诚，而"一人灭一国"的王玄策则押着这一万两千俘虏和三万牛马牲畜踏上了回国之路。

路途迢迢，沿途再也没有一个国家敢打这支家底颇厚的使节团的主意，王玄策就这么大摇大摆地穿过漫漫黄沙，回到了大唐。

三十人出城的使节团，回来的时候变成了数万人马牲畜的庞大队伍，如果不是兴奋的王玄策在沿途叫门，只怕这队人马会被当成敌袭吧。

当抵达长安城的时候，一万两千的俘虏还在，而牛马死得只剩下两万了，但就是这样丰硕的战果在李世民的眼中似乎也不算什么，立下如此不朽之功勋的王玄策最终也只是被封了从五品下的朝散大夫。

历史上对于他的记载，也只剩下他在唐显庆二年（657年）时曾奉命第三次出使天竺的记载了，寥寥数语成了这位传奇人物在史书上的最后背影。

自此之后，王玄策这个名字便彻底消失在了历史的记载中，也许是他人到暮年致仕还家，也许是他人微言轻无声故去。在大唐那段耀眼的时代里，王玄策就像是一颗遥远又孤独的星辰，虽然发着属于自己的光，却鲜少被人注意到。

但对于王玄策本人来说，一生能建立如此功勋，已然不枉此生了。

大丈夫当如是。

太平公主

我妈是武则天

武则天圣历二年（699年），大唐正处于名亡实存的尴尬境地，在古往今来唯一的女皇帝的统治下，大唐变成大周，连李唐皇族也不得不暂时屈从于武氏子弟之下。

虽然依旧精神矍铄，但已经七十五岁的武则天终于还是不得不开始考虑自己的身后事，眼下的李、武两族相处还算融洽，这么多年来的相互嫁娶让李、武血脉相互融合，彼此互为至亲。

但即便如此，武则天还是不放心，这位冷酷无情了一辈子的女皇在别无他法的情况下，居然想到了寄托于赌咒发誓，于是就有了发生在圣历二年（699年）的明堂盟誓事件。

明堂盟誓事件的主要内容是李、武两族的代言人当着武则天的面，于明堂之中向天地起誓，并将该誓言镌刻在铁券之上的内部团结行为。

作为李、武两族的代言人，后来的唐中宗李显、唐睿宗李旦、太平公主和武攸暨等参加了明堂盟誓。这些人中只有太平公主一人的身份很特殊，她既是唐高宗李治和武则天的亲生女儿，也是武氏的媳妇。

> 太后春秋高，虑身后太子与诸武不相容。壬寅，命太子、

相王、太平公主与武攸暨等为誓文，告天地于明堂，铭之铁券，藏于史馆。

——《资治通鉴·唐纪二十二》

冷漠如武则天这样的人，面对女儿太平的时候也尽显母性光辉。作为武则天之后又一个无限接近权力巅峰的女性，太平公主堪称大唐历代公主中最具权谋的女性，没有之一。

一

和寻常封建女子不一样的是，太平出生在大唐帝国最显赫的家族，她的父母是大唐帝国的皇帝与皇后，两位哥哥是后来的唐中宗和唐睿宗，而作为武则天唯一存活下来的独女，太平是在父母兄长的宠溺中长大的。

唐朝女子以丰腴为美，史书上对于太平的外貌描述便极尽唐人之美的韵味："公主丰硕，方额广颐。"不过真正让武则天对这个女儿青睐有加的原因，是因为太平很像她，从太平的身上，武则天看到了自己当年的影子。

准确地说，武则天与丈夫李治共生有四子二女，她的儿子们多继承了李治的宽仁谦逊，甚至如中宗李显已经到了怯懦胆小的地步；唯一存活并长大成人的女儿太平却有着巾帼不让须眉的杀伐果决与足智多谋，这与武则天本身的气场完全契合。

哥哥们被政治迫害，或死，或贬，而太平却不一样，她一直陪在李治与武则天的身边，未出阁的她曾被吐蕃点名要求和亲，但塞外风沙苦，不愿让唯一的女儿远赴西北和亲的武则天特意修建道观，让太平正式出家，以"方外之人"的身份拒绝了吐蕃和亲的请求。

说是方外之人，可太平自始至终都沐浴在父母无微不至的照顾之下，丝毫未曾感受过修行的清苦，更不用说什么青灯古佛、寂寥人生了。

太平和她的母亲武则天一样，对于权势有着超出常人的渴望，或许寻常女子还会因为性别原因而被排除在权力中枢之外，但太平有位开天辟地以来唯一的皇帝母亲，这也为她后期染指朝政，险些成为第二个武则天埋下了伏笔。

唐永隆二年（681年），长安城中迎来了一场盛大的婚礼，帝国的掌上明珠太平公主下嫁表兄薛绍。

能配得上太平的人势必不是凡夫俗子，作为唐高宗的亲外甥，薛绍是长安城里出了名的美少年，这场帝国权贵强强联手的婚礼空前盛大，俊郎配美女的浪漫故事让整个大唐帝国都为之沸腾。

时过境迁，我们早已无处寻找那场婚礼盛状的相关记载，但史书上的寥寥几笔却仍然在向我们展现千载前那场婚礼的蛛丝马迹。由于迎亲送往的车队太过庞大，朝廷不得不下令拆毁沿路房屋的围墙；在那个没有照明灯的时代里，婚车凡所过境都被点上了明亮的蜡烛，海量的烛火直将路旁的树木都熏得焦黑枯萎。

> 假万年县为婚馆，门隘不能容翟车，有司毁垣以入，自兴安门设燎相属，道樾为枯。
>
> ——《新唐书·太平公主传》

这是太平第一次嫁为人妇，应该是她人生中最快乐的时候，因为此时的她还只是个远离朝政的公主，没有被尔虞我诈的政治斗争所玷污，她沉浸在和丈夫薛绍的新婚喜悦里，却还没有意识到像她这样出身的女子，婚姻幸福只是一种奢望。

二

薛绍和太平的婚姻虽然只持续了短短八年，但这八年的时间里，太平一共生下四个孩子。我们有理由相信太平与薛绍这段政治联姻里，一定存在纯粹的爱情，毕竟如果不是真有爱情的话，太平怎么可能心甘情愿为薛绍生儿育女呢？

但这样的生活终究还是未能持续太久，身为皇室宗族，虽然享受着天家富贵，却也不得不面对兄弟喋血、骨肉相残的政治惨剧。在巨大的权力面前，亲情变成了微不足道、随时可以舍弃的东西。

垂拱四年（688年），已经按捺不住内心欲望的武则天加速了称帝步伐，心领神会的侄子武承嗣人为制造出一个刻有"圣母临人，永昌帝业"的白色石头，并以此作为神物敬献给武则天，这是称帝前的舆论攻势，在科技不发达的封建时代，天降祥瑞往往都是称帝的前兆。

随着武则天加尊号为圣母神皇，分封各地的李氏宗亲贵族也开始了反对武则天的武装起义运动。

这一切原本都与薛绍和太平这对佳偶无关，但薛绍的长兄薛顗却参与了垂拱四年（688年）爆发的琅琊王李冲的造反运动。

李冲的想法很远大，但是现实很骨感，还未等武则天派军镇压，李冲便已经被当地百姓击杀。这场匆匆结束的造反闹剧除了给武则天送去一个对李氏宗亲大开杀戒的借口外，毫无任何现实价值。

支持李冲造反的薛顗毫无疑问被处死，而作为亲兄弟的薛绍也因为被牵连而遭到"杖责一百"，最后落得饿死狱中的悲惨结局。

在这场血腥的政治大清洗运动中,虽然没有明文记载太平为薛绍向武则天求情,但以常理度之的话,当时还怀有薛绍骨血的太平又怎么可能眼睁睁看着薛绍身陷囹圄而不求情呢?

可武则天是什么人?纵然是自己的亲生骨肉李弘、李贤,当他们成为自己权力道路上的阻碍时,武则天也会毫不客气地将他们除掉,薛绍这一毫无根基的女婿又算得了什么呢?

太平的第一段婚姻最终以夫郎因母亲而死的悲惨结局而告终,从那之后的太平变得越发像武则天,她开始频繁活跃在权力中枢,纵然后来再嫁武攸暨,再也没有和薛绍时的那般琴瑟和鸣,因为此时的太平开始流连于男宠之间,这场由母亲强行撮合的政治婚姻变成了名存实亡的遮羞布。

三

从天真烂漫的公主殿下到热衷权谋的女政治家,太平巨大的人格转变固然有薛绍死于政治斗争的缘故,但更多的还是有其母亲武则天的刻意培养。

武则天是位成熟的政治家,她活着的时候,虽然太平可以自由参与朝政,却完全没有拍板的权力,甚至在母亲的约束之下,连私下议论朝政的胆子都没有。但随着武则天在神龙政变中黯然退场,一直被压制、总是在幕后的太平开始走向台前,并不断打造属于自己的政治联盟。

唐神龙元年(705年),在神龙政变中立下汗马功劳的太平被晋封为镇国太平公主,连她的食封也增加到五千这一天文数字。没有了武则天的压制,太平公主强势踏入大唐朝局,从神龙政变起到她被侄子李隆基赐死为止,这八年时间里发生的所有重大事件都绕不过"太平公主"这四个字。

武则天是封建帝制森严的规则里开出的一朵奇葩,在她以前虽然有吕雉这样临朝称制的女统治者存在,但吕雉却完全没有称帝的念头;在她之后虽然也有大宋太后刘娥这样身着衮服参拜太庙的女统治者存在,但刘娥终究还是打消了称帝的念头。古往今来数千载,只有武则天这样一位女皇帝,可在武则天身后不久,有样学样的女野心家却不在少数。

神龙政变让曾被废黜的李显重新登上了皇帝宝座,但随着李显一同回来的,还有那对不省心的妻女——韦氏和安乐公主。李显很老实,他没有什么傲人的政绩,也不存在害人的记载。因为感念妻子韦氏随自己一路贬谪无怨无悔,重登九五至尊之位的李显对妻子韦氏百依百顺,甚至到了能将江山社稷拱手相让的地步。

韦氏是个很有想法的女人,她想要和婆婆一样成为女皇帝,或者让自己的女儿安乐公主成为女皇帝,所以,任何威胁到她们母女俩的人,都被韦氏视为眼中钉、肉中刺。

韦氏最大的敌人其实是三个人:太子李重润、相王李旦和太平公主。心理素质差的李重润在什么都未准备充分的情况下仓促发动了政变,最终兵败身死;而政治斗争经验丰富的太平公主和李旦则显得沉稳许多,面对韦氏的步步紧逼,太平公主与侄子李隆基达成了政治联盟,随时准备奋力反击。

韦氏的野心和武则天一样,但论及权谋智慧只是个不够看的无知悍妇而已,当她和女儿安乐蠢到在景龙四年(710年)合谋下药毒死了护身符——唐中宗李显的时候,就注定了韦氏全族覆灭的悲惨结局。

> 时安乐公主志欲皇后临朝称制,而求立为皇太女,自是与后合谋进鸩。六月壬午,帝遇毒,崩于神龙殿,年五十五。
>
> ——《旧唐书·中宗本纪》

和五年前的神龙政变一样,五年后的唐隆政变里,太平与侄子李隆基联手剿灭了韦氏,向来淡然的李旦反而在这场政变后登上了皇帝宝座,而作为大功臣的亲妹妹——太平公主的权势也因此达到了一生中的最高峰。

四

唐睿宗李旦在历史上有个很出名的标签——三让天下,他曾于载初元年(690年)将皇位让给母亲武则天,也曾在神龙元年(705年)拒绝做哥哥中宗的皇太弟,最后更是在先天元年(712年)直接将皇位禅让给了儿子李隆基。

所有人都眼红的皇帝宝座在李旦眼中却是个随时都可以舍弃的身外之物,他没有妹妹太平的果决多谋,也没有儿子李隆基的杀伐决断。从被莫名其妙第一次推上皇帝宝座的那天起,李旦都深陷在朝不保夕的恐惧里,所以当有机会离开皇位的时候,李旦走得很决然,没有半点留恋。

无论是神龙政变、唐隆政变,还是先天政变,李旦从未参与其中,他就像是个明哲保身的局外人,不愿与任何引发流血的政治斗争产生一点瓜葛。所以在唐隆政变发生之前,有部下问李隆基是否要去征询父亲李旦的意见时,深知父亲为人的李隆基选择了隐瞒,直到事成之后才和盘托出，惹得李旦抱着自己那神勇无比的儿子放声痛哭。

> 辛巳，隆基出见相王，叩头谢不先启之罪。相王抱之泣曰："社稷宗庙不坠于地，汝之力也！"
> ——《资治通鉴·唐纪二十五》

李旦继承了父亲唐高宗李治的柔善，他亲身经历过冷酷无情的皇家内斗，也终日生活在母亲的猜忌之下，所以当他成为天下之主的时候，他不愿意再看到骨肉相残，也深深厌倦于烦琐的政事。所以对于拥有才干的妹妹和儿子，大权旁落的李旦非但没有感到一点儿危机感，反而乐在其中。

每当宰相上奏时，李旦都会先询问相关事宜是否已经跟妹妹太平和儿子李隆基商量过了，这样的行为对于李旦来说是一种享受，但对于他的法定接班人李隆基来说，则难以接受了。

> 每宰相奏事，上辄问："尝与太平议否？"又问："与三郎议否？"然后可之。三郎，谓太子也。
> ——《资治通鉴·唐纪二十五》

开元天子李隆基的前半生可谓是明君典范，励精图治的他很想有一番大作为，所以当他发现有个能力很强且权欲很大的姑母挡在自己面前的时候，内心的憋屈可想而知。李隆基无法像父皇一样，甘心做个牵线木偶，他想要的是真正地执掌天下，做一个无人能掣肘、无人能威胁到他的九五至尊。

对于太平来说也是如此，原来根本不把侄子放在眼里的她突然发现了李隆基的勃勃雄心，这对当初联手铲除韦氏一族的政治伙伴，终究还是因为利益相左而走到了对立面，这对同样继承了武则天野心的姑侄终究还是走到了不死不休的地步。

五

唐延和元年（712年），太平主动挑起了和侄子李隆基之间的政治斗争，她以天象异变来诬陷李隆基即将弑父夺位，却没想到早就不想干了的哥哥李旦直接禅位给了太子李隆基，这让本就名正言顺的李隆基集团开始逐渐占据上风。

唐先天二年（713年），李隆基开始对姑母太平进行政治清洗。当时在朝堂上完全占尽上风的太平公主势力，就这么简简单单地被李隆基给消灭了。

没有血流成河，几乎没有兵戈相见，一场小规模的流血事件后，太平公主的势力便被一网打尽，这位鼎盛时"八位宰相有其五"的一代传奇公主，在惊慌失措之下逃入山寺避祸三日方出，却最终还是等来了勒令自尽的结局。

一生辉煌，富贵无极，临了如此惨淡收场，不免让人无限唏嘘。史书上曾用"二十余年，天下独有太平一公主，父为帝，母为后，夫为亲王，子为郡王，贵盛无比"这样的句子来形容太平公主，伴随着她的自尽身死，那让人瞠目的富贵荣华、那令人艳羡的家道传承都随之烟消云散。

后世有人戏谑"太平公主一生不太平"，可又有多少人还记得，曾经她也是位天真烂漫，只愿与夫郎长相厮守、生儿育女的女子呢？

卷三

渔阳鼓声

杨思勖

大唐最强太监就是我

武则天退位后，虽然帝国权柄已经重新回归李氏手中，但由于武则天长期执政而形成的畸形政治后遗症依然触目惊心。

朝堂之上，有武氏家族的武三思、武崇训手握实权，后宫之中，因中宗李显惧内而导致韦皇后染指朝政，并渐渐生出了要向婆婆武则天学习的野心。无论是前朝，还是后宫，所有弄权者的目光都落在了一个人身上——太子李重俊（并非韦氏亲生）。

唐中宗李显好拿捏，但太子李重俊却深深感受到了武氏和韦氏的敌意与威胁，身为东宫太子的他每天都生活在韦皇后及其女儿安乐公主的辱骂与排挤中，惶惶不得终日。

终于，在得知安乐公主居然要求唐中宗废太子立其为皇太女的消息后，忍无可忍的李重俊发动了政变。

在这场准备并不算充分的政变中，李重俊也不是全无收获，因为进谗言的武三思和武崇训被他带着人马直接诛杀于私宅。而就在李重俊带着人马冲入皇宫，准备杀了韦皇后和安乐公主的时候，事情发生了变故。

唐中宗李显是个很没有主见的君王，他任由妻女将自己拉上了玄武门的城楼,看着那些杀气腾腾的造反将士,李显吓得面如土色,因为此时的宫中已经没有守备,等待李显的又将是一场皇族喋血事件。

而就在这时,一直陪在李显身边的太监杨思勖主动请缨,面对着气势如虹的叛军,杨思勖一人一马直接冲将过去,叛军的先锋大将野呼利同样骑马而来,只一个照面,杨思勖手起刀落,斩野呼利于马下。

> 时有宫闱令杨思勖于楼上侍帝,请拒其先锋。多祚子婿羽林中郎将野呼利为先军总管,思勖挺刃斩之,兵众大沮。
>
> ——《旧唐书·李多祚传》

此战之后,杨思勖以御前救驾的功劳被破格赐官,并正式开启了他的铁血军旅生涯。后世人都以为高力士是大唐最有名的太监,更是唐玄宗李隆基的心腹,但如果杨思勖有机会发言的话,他肯定会不屑地说一句:"在我面前,高力士算不了什么,论起全唐二百八十九年,我认第二,没有一个太监敢认第一。"

一

作为封建王朝的特殊产物,太监这一群体的名声基本都是负面的,寻常人能想起来的好太监,似乎也就只有那位大明王朝的航海家郑和,就连改进造纸术的东汉太监蔡伦在历史上也声名狼藉。更不用说唐朝那些手握兵权,甚至能够废立皇帝的权宦了。

所以,杨思勖作为一位不一般的太监,也不得不因为同行表现太差,而平白无故遭受白眼,甚至被人选择性地遗忘。

杨思勖很委屈，因为他的一生从未干过什么伤天害理的事情，我们甚至可以给他贴上"军事家"这样的标签。从杨思勖在名将辈出的大唐能凭借自己的能力，最终被封为从一品骠骑大将军的成就，我们就可以得知他的太监人生有多传奇了。

杨思勖的出身其实很高，他的父母均是来自岭南的土著贵族，作为两个氏族政治联姻的结晶，不出意外的话，本姓苏的杨思勖应该会有一个幸福美满的人生。

那时的岭南虽然不如中原地区富庶，但氏族贵公子的杨思勖，至少不会为了生计而担忧，他只要健康快乐地长大，然后顺理成章地继承两大氏族的累世富贵就好了，但意外就这么阴差阳错地发生了。

史海钩沉，如今的我们早已无法了解当初到底发生了怎样的巨大变故，才让世代威震南疆的苏氏一族突然消失在了历史之中。作为那场变故的幸存者，年仅六岁的杨思勖被阉割送入宫中，跟着一位杨姓太监，并做了其义子，从此便以杨思勖的名字在长安皇宫里艰难度日。

纵然是身逢如此劫难，年仅六岁的杨思勖也没有忘却自己身上流淌着的贵族之血，他和那些懵懵懂懂只知劳役的小太监不一样，他自始至终都没有放弃过自己。

即便父母已经不在身边，少年杨思勖依然延续着幼年时从母亲那里学到的好习惯，他时刻都在准备着，准备在历史重新给他一个亮相机会的时候，一鸣惊人。

《旧唐书》中说："思勖有膂力，残忍好杀。"这和后世人在思维定式上认为太监手无缚鸡之力是截然不同的说法，杨思勖非但不弱，而且是个拥有神力、身怀绝艺的太监。在真实的历史中是没有《葵花宝典》这样的绝世武功的，让杨思勖变得如此强大的原因有且只有一个：那就是他在旁人看不见的时候，遵循着母亲的教诲默默努力着。

用杨思勖母亲墓志铭上的话来讲，"虢公便习干戈，渔猎书史"，虢国公是杨思勖的封爵，能让他从一个一无所有的小太监，成长到能与大唐历代名将比肩的秘诀，就是在这"习干戈，渔猎书史"七个字里。

一个勤奋刻苦、文武兼修的人，注定不会泯然众人，很快杨思勖想要的那个机会来了。

二

玄武门下那惊为天人的杀敌一刀，让所有人重新认识了这位名叫杨思勖的年轻宦官，感激涕零的唐中宗李显在此战之后，直接提拔杨思勖为从三品的银青光禄大夫。

虽然银青光禄大夫没有什么实际的权力，但那个曾不得不靠阉割才能活命的落魄"小王子"终于靠着自己的努力，重新回到了历史的舞台，他也不再是那个无足轻重的无名太监了。

我不知道杨思勖在得知自己被破格提拔时是什么心情，但当千年后的我试着设身处地想一想的时候都会热泪盈眶。

炼狱归来，杨思勖的传奇人生正式拉开序幕。

唐中宗李显虽然有惊无险地从景龙政变中全身而退，但这位怯懦了一辈子的大唐天子还是死在了野心勃勃的妻女手中，而随着唐中宗猝然驾崩，觊觎皇位的各方势力都迅速做出了反应。

唐景云元年（710年）七月，临淄王李隆基与太平公主联手发动政变，本欲独揽大权的韦皇后全族被灭，而深受唐中宗李显知遇之恩的杨思勖也在政变中完全倒向了李隆基，他想要李隆基为李显报仇，也阴差阳错间站队成功，属于他的仕途第二春也随之而来。

从诛杀韦氏，到后面诛杀太平公主，虽然没能留下什么确切的史料记载，但从李隆基不断为杨思勖加官晋爵的举动来看，杨思勖一定在其中立下了汗马功劳，后世都认为高力士才是唐玄宗的心腹，却不知道在高力士之前，杨思勖已经成为唐玄宗的得力助手了。

杨思勖也没有让唐玄宗失望，从开元十年（722年）起的南疆叛乱，基本都是由杨思勖挂帅出征，而这位太监每次都能以雷霆之势以少胜多，将战斗力顽强的造反首领们打得全军覆没，每每出战必有斩获，以至于史书上甚至不愿意多着笔墨来描写战争的细节，有的永远只是杨思勖兵锋所向，敌人兵败如山倒的寥寥数笔记载。

唐开元十二年（724年），在杨思勖又一次取得生擒贼首、斩首三万的惊人战绩后，赏无可赏的唐玄宗特意为杨思勖打破了自太宗皇帝定下的"太监官职不得超过三品"的铁律。

贞观中，太宗定制，内侍省不置三品官，内侍是长官，阶四品。
——《旧唐书·宦官传》

杨思勖也因此成为大唐建国以来第一个超三品的太监，这与唐朝中后期，太监弄权，左右君王废立，并操纵朝政给自己加官晋爵得来的一品官衔不可同日而语。杨思勖完全是凭借着自己浴血拼杀得来的军功，一步步做到了从一品的骠骑大将军，还和大唐开国功勋们一样被封为了国公（虢国公）。

一生如此，我想幼年突逢变故的杨思勖也算是不枉此生了。

三

在杨思勖的神道碑上有一段对他军旅人生的总结：七总戎律，一勘内乱，鹰扬五岭，武镇六州，斩级二十万，京观八十一，可谓禁暴戢兵，保大定功者也。

这段话对杨思勖的赫赫战功进行了高度概括，因为他每一次用兵的背后，都是尸横遍野，对敌人无比残忍的他完全可以被称为"行走在人间的活阎罗"。

在先后四次平定内乱的过程中，杨思勖总共斩首敌军二十余万，为了震慑不臣，他还将敌人的尸体堆垒起来形成让人胆寒的京观，这也使得其麾下众将官在禀报军情的时候，甚至连抬头看他一眼的勇气都没有。

> 思勖性刚决，所得俘囚，多生剥其面，或髡发际，掣去头皮；将士已下，望风慴悼，莫敢仰视，故所至立功。
>
> ——《旧唐书·杨思勖传》

唐开元十六年（728年），泷州豪族陈行范聚众造反，已经贵为骠骑大将军、虢国公的杨思勖迎来了他有史可查的最后一次军事行动。

在岭南豪族之中深得人望的陈行范来势汹汹，短时间内便已经攻陷四十余座城池，但伴随着杨思勖带着十万唐军深入泷州后，嚣张一时的陈行范被一战而定，杨思勖辉煌的军旅生涯也以这场大胜仗而画上了完美的句号。

奉命迎战陈行范的时候，杨思勖已经七十四岁高龄了，但为了不让开元盛世这一页华章上留下一丝瑕疵，年迈的杨思勖从长安出发，风尘仆仆，无怨无悔。而此战之后，杨思勖便从大唐的历史舞台上渐渐淡出了身影，这位操劳了一辈子的帝国老仆在自己的宅邸里平静地过完了剩下的十二年。

有人说，他是史上最能打的太监，也有人说他是暴虐嗜杀的屠夫，但无论后世如何评说，在《新唐书》和《旧唐书》这样的正史中，杨思勖都被列为大唐宦官的第一位。这位六岁而孤、被阉入宫的落魄贵公子，终于用自己的力量，让大唐，让历史牢牢地记住了他的名字……

崔颢

李白自己承认不如我的

唐天宝二年（743年），唐诗江湖中当之无愧的顶流偶像李白终于结束了自己的京漂生活，从专门给皇帝写宫词的清客，又重新成了到处优游、四处打卡的驴友。李白很忙，忙着一路呼朋引伴，一路游山玩水，然后写出一篇篇脍炙人口的经典诗词。

胜境和诗人之间总能相互成全。

有一些小众冷僻的地方因为某位大诗人的一首诗而名声大噪。如大诗人陈子昂的《登幽州台歌》，一句"前不见古人，后不见来者"把蓟北楼送上了热搜，以至于后世每一个郁郁不得志的人都会在心里去过蓟北楼无数遍。

也有些诗人因为在某些打卡胜地写上自己的作品而提高了知名度。作为自古以来文人骚客的打卡胜地，不少诗人都希望在黄鹤楼上留下自己的作品，以便让每一个来过黄鹤楼的人都记住自己的名字，从而提高在唐诗江湖的地位。

如李白这样咖位的诗人虽然早已家喻户晓，但并不妨碍他也想"征服"黄鹤楼。但让人奇怪的是，不止一次去过黄鹤楼的李白却自始至终未曾专门为黄鹤楼写一首诗。按照《唐才子传》中的记载来说，李白不是不愿意写，而是不敢写……

传闻，李白行至黄鹤楼时，看着满墙前人留下的诗词也忍不住提笔准备赋诗，可当他正欲落笔时，余光看到正上方的一首诗后踌躇良久，最终还是选择搁笔，并感慨了一句："眼前有景道不得，崔颢题诗在上头。"

> 后游武昌，登黄鹤楼，感慨赋诗。及李白来，曰："眼前有景道不得，崔颢题诗在上头。"无作而去。
>
> ——《唐才子传·崔颢传》

早于李白之前，登临黄鹤楼的崔颢便写下了那首被南宋著名诗论家严羽称为"唐人七言律诗第一"的《黄鹤楼》：

> 昔人已乘黄鹤去，此地空余黄鹤楼。
> 黄鹤一去不复返，白云千载空悠悠。
> 晴川历历汉阳树，芳草萋萋鹦鹉洲。
> 日暮乡关何处是？烟波江上使人愁。

这首诗让傲气的李白在自己最擅长的诗歌领域甘拜下风，仅此一条便足以让崔颢名垂诗坛了。在那星光璀璨的大唐诗坛，崔颢似乎并不出名，这位一生放浪形骸的诗人似乎也不算成功者，甚至还有私德有亏的传闻，但他的人生更接近于一位身负才华的普通人。

人生没有奇遇，反而有那么多让人扼腕的意外，虽有功名却终生囿于微末小官，有着如此际遇的崔颢，却用自己的方式，过上了失意却不失希望的生活。

一

唐上元元年（760年），近六十岁的李白终于获得大赦。三年前，李白因为政治太幼稚而被卷入永王东巡事件中，后被放逐夜郎；饱受荒州烟瘴煎熬三年后，他踏上了赶往江夏、投奔老友的去路。

此时的李白再不是那个扯着嗓子喊"天生我材必有用"的潇洒侠客了，他变得失落惆怅，年老体弱带来的病痛、国破家亡带来的愤懑都在这位大诗人的内心深深煎熬着。

在江夏短暂逗留期间，闲来无事的李白又开始四处闲逛散心，而当他来到江夏著名旅游景点——鹦鹉洲时，想起了在此地被杀的三国名士祢衡，一时之间又开始感伤起自己的生平，于是悲从中来的他写下了著名的《鹦鹉洲》：

> 鹦鹉来过吴江水，江上洲传鹦鹉名。
> 鹦鹉西飞陇山去，芳洲之树何青青。
> 烟开兰叶香风暖，岸夹桃花锦浪生。
> 迁客此时徒极目，长洲孤月向谁明。

李白写这首诗的时候近六十岁了，让他甘拜下风的崔颢此时也已经去世六年。但如果崔颢在的话，当他读到《鹦鹉洲》的时候，一定会大呼李白抄袭。这样说李白一点儿也不冤枉，因为李白这首《鹦鹉洲》确实完全模仿了崔颢《黄鹤楼》的架构。

时隔多年以后，李白依然没能写出让自己满意的关于黄鹤楼的诗词，于是他只能退而求其次地写出了一篇完全模仿崔颢《黄鹤楼》

的《鹦鹉洲》，也算是致敬了早已离世的崔颢。

和李白一样，崔颢也是一位极富才华的诗人，刚一出道便有才名在外，《旧唐书》中更是将他与孟浩然、王昌龄和高适相提并论。作为出身大唐顶级世家"博陵崔氏"的公子哥，崔颢本该有着辉煌、灿烂的仕途生涯，但不知怎的，这位名满京华的大诗人的仕途之路却走得极为艰难。

不要小看"博陵崔氏"这四个字，这可是个出过十六位宰相、被称为士族之冠的顶尖门第。所以，崔颢的失意在某种程度上是讲不通的，因为世家在有唐一代的影响力一直很大，连左右科举结果都不在话下，更何况是让自己人升迁呢？

唐开元十一年（723年），不到二十岁的崔颢便进士及第，但如此年轻就有功名在身的他似乎并不那么在意自己的前途。他趁着人生的大好春光恣意游乐，于酒肆之中烂醉，于美人怀中安眠，于赌场之中潇洒，最终在长安城里留下了"有俊才，无士行"的垢名。

不过更让后世人对于崔颢感情复杂的是，崔颢在找对象这件事上太随意，颜控的他永远只找好看的对象，在日久腻味之后又始乱终弃，如此反复四五次，崔颢"渣男"的标签就此坐实。

> 崔颢者，亦擢进士第，有文无行。好蒱博，嗜酒。娶妻惟择美者，俄又弃去。凡四五娶。
>
> ——《新唐书·崔颢传》

二

作为大唐在职在编的公务员，私生活却如此不检点，这应该也是崔颢仕途平平的原因，毕竟私德有污在历朝历代都是官员大忌。

当大环境对于某个人有近乎盖棺论定式的公论时，那么这个人纵然想要改过自新，恐怕也没有机会了。基本被社会性死亡的崔颢不到二十岁就踏上了仕途，却也在转瞬之间失去了政治生命。

所以，终其一生只做到从六品（司勋员外郎）的崔颢并没有在史书上留下什么有所建树的政绩，史书上的寥寥数语多半也都集中于这位风流才子的风月之事，对于他在仕途上的表现只字未提。但传闻中，崔颢也并非没有为拯救自己的政治生命做过努力，他想了很多办法，写了不少脍炙人口的诗词，只为了能得到某位达官显贵的青眼，而后重新开始。

在崔颢活跃的年代里，但凡提到诗，人们只会说两个人的名字——崔颢和王维。王维自不必多说，被称为"诗佛"的他不仅是状元出身，而且其诗风在诗坛上别具一格。但崔颢呢？这位在史书中与王维并称的诗人，其代表作固然有《黄鹤楼》这样的绝世好诗，但除此以外却总有些后继无力的感觉。

唐代诗选家殷璠曾在《河岳英灵集》中对于崔颢的诗词有过总括式的评价：

> 颢年少为诗，名陷轻薄，晚节忽变常体，风骨凛然，一窥塞垣，说尽戎旅。

这就说明，早年的崔颢因为年少轻狂爱风流的缘故，被风月韵味浸进骨子里的他笔下的诗词也尽是轻薄之作。而到了晚年，被世事沧桑了少年感，只剩下一身落寞的崔颢也在不知不觉间改变了自己的诗风,变得风骨凛然,再没有纸醉金迷的颓废感。

但可惜的是,崔颢最靠近重获政治新生的时候,刚好是他鲜衣怒马的青年阶段。那时候的崔颢,诗风还没有实现从轻浮颓靡到豪迈稳健的转变,考虑不周到的他就这么大大咧咧地将自己那带着三分风月气的诗词交到了李邕的手里。李邕在史书上是出了名的爱才之人,李白、杜甫,都曾是他的座上宾。

崔颢很期待,因为他真的很有才华,而且他上交的那篇诗词也着实花了一些心思,另辟蹊径的他有信心让日理万机的李邕眼前一亮,彻底记住自己的名字。

李邕当然也很期待,虽未曾谋面但他也听过崔颢的大名,这位才子虽然是出了名好酒嗜赌爱佳人的风流之辈,但如果真的如传说中那般文采斐然,那也必须拉他一把。

于是,崔颢恭敬地递上了他的诗作《王家少妇》,题头就是一句"十五嫁王昌,盈盈入画堂"。崔颢意料之中的是,李邕确实没见过这样风格的致意作。但崔颢意料之外的是,向来走光明正大路线的李邕最见不得的,就是《王家少妇》这般轻佻浮躁的迷醉之作,以至于刚看了这开头的一句话,李邕便勃然大怒,扔下了一句"小儿无礼"便拂袖而去。

> 初,李邕闻其名,虚舍邀之。颢至献诗,首章云:"十五嫁王昌。"邕叱曰:"小儿无礼!"不与接而去。
>
> ——《唐才子传·崔颢传》

而随着李邕的离去,崔颢再也没有得到什么被人提携的机会,这位满腹才华的诗人只能在底层官僚的位子上苦苦煎熬，终其一生都只不过是个从六品上的司勋员外郎。

三

诗风总是与诗人当下的心境契合。

能说出"仰天大笑出门去，我辈岂是蓬蒿人"的李白，也有"大道如青天，我独不得出"的苦闷。少年成名却于仕途未有寸进的崔颢也渐渐失去了曾经的意气风发，他不再是那个举止尽是风流的贵家公子，而成了弃官漫游江湖的漂客。

在那个出行基本靠走的唐朝，崔颢的足迹遍布大江南北，但奇怪的是，有关崔颢这二十多年漫游江湖的相关事迹，却没有一例被记载并流传后世。

这位名满京洛的大才子就像是销声匿迹般神隐了二十几年，直到再出现时，已经褪去了身上所有的风月气，笔下字里行间全是金戈铁马和岁月沧桑。

他到过黄鹤楼，写下了《黄鹤楼》。

在这首诗家绝唱里，崔颢没有为自己的郁郁不得志而鸣不平，没有为自己的四海漂泊而暗自神伤，他所怀念的只有那个自己终生都回不去的故乡——汴州。

后世有人考证，崔颢在差不多二十岁那年赴京赶考后便再也没有回过故乡，明明思念故乡，却宁愿在外漂泊二十几年都不愿踏上归途，这样复杂的心境也只有出身名门却声名狼藉的崔颢能深刻体会了。

在人生最后的四年，崔颢结束了自己周游天下的旅程，他重新回到了官场，和二十多年前一样继续着最底层官员的仕宦生活，直到唐天宝十三载（754年）才在无人问津中辞世。

史书上留给这位名门贵子的句子可谓寥寥数语，千百年后的我们对于这位才子的了解也只剩下《黄鹤楼》那寥寥五十六个字而已。

崔颢是名门贵子，是不世天才，但更像是和我们芸芸众生一样的普通人，没有那么多的天降奇遇和贵人相助，只有靠着自我的调节来过完一生。

这一点，从崔颢后期的诗来看，他真的做到了。

其实，普通人的人生也是如此，不求轰轰烈烈，但求少点苦闷与忧愁。

李亨

被嫌弃的唐肃宗的一生

唐宝应元年四月十八日（762年5月16日），禁卫森严的长安皇城长生殿内，唐肃宗李亨已经到了气若游丝的临终时刻。

弥留之际的李亨并不知道的是，他的枕边人张皇后为了把持朝政，已经秘密召集越王李系入宫，准备取太子李豫而代之。

而张皇后也不知道的是，她的小动作已经被宦官集团的核心人物——李辅国和程元振完全洞悉。

张皇后是宦官集团和太子李豫的共同敌人，所以针对她的政治反击开始了。掌握禁军的宦官集团在确保太子李豫的安全后，不顾李亨已经命在旦夕，带着人马直接冲入长生殿，张皇后一应人等尽数沦为阶下囚，作为太子的李豫实际上完全掌握了大唐帝国的权柄。

就是在这样一个惊心动魄的夜里，李亨听闻人马嘈杂，厮杀声疾，又看到凶神恶煞的宦官将张皇后等一众近侍从身边拖走诛杀，忧惧和恐慌成为压倒李亨的最后一根稻草，当夜他便气绝身亡。

时上在长生殿，使者逼后下殿，并左右数十人幽于后宫，宦官宫人皆惊骇逃散。丁卯，上崩。辅国等杀后并系及兖王僩。
——《资治通鉴·唐纪三十八》

在那个喋血的宫廷政变之夜，没有人在意过李亨的所想所感，所有人都在为了达成自己的政治目的而不择手段，任凭病重的李亨在惊惶中孤独死去。

走过五十一年的人生，贵为九五至尊的李亨似乎一天都未曾有过半点欢愉，被父亲唐玄宗李隆基猜忌，又先后被两任奸相——李林甫、杨国忠构陷几近身死，最后在因皇后张氏引起的政变中被活活吓死，这就是被嫌弃的李亨的一生。

一

李亨从前还不叫李亨，他有过不少曾用名，如李嗣升、李浚、李玙、李绍等，而李亨这个名字是他在三十三岁那年才确定下来的。

和他的名字一样，李亨的人生也充满了寻常人难以承受之变故，明明是天潢贵胄，却反不如寻常人家的儿女过得顺心随意。

如今再提起李亨这个名字的时候，很多人都只会有种似曾相识的感觉，具体其人其事却无从说起。因为李亨留给后世的存在感并不高，怪只怪他的父亲李隆基太出名。

如果翻开李亨的人生履历，我们会发现这是位似乎出生便是一个错误的倒霉蛋，但同样这也是位每个巨大不幸中都透露着巨大幸运的好运星。

李亨出生那年是唐景云二年（711年）。

就在一年前，唐中宗李显被妻女（韦皇后和安乐公主）毒死，本想效仿婆婆武则天临朝称制的韦皇后并没有美梦成真，反而被太平公主（唐中宗李显之妹）和当时的相王李隆基（唐睿宗李旦之子）联手发动唐隆政变，一举扫清韦氏集团，大唐政权也顺利交接到了唐中宗李显之弟——唐睿宗李旦的手中。

但韦氏集团的全面肃清就意味着太平公主和李隆基之间的合作基础消失了，而太平公主作为武则天最宠爱的女儿，无论是在政治手段还是权术谋略上，都超出韦皇后太多。

所以当太平公主站到李隆基对立面的时候，李隆基所面对的压力有多大便可想而知了。

唐睿宗李旦作为大唐最通透的皇帝，像是个摆设般从不多言，一切政务尽数交给妹妹太平公主和儿子李隆基来决断，但李隆基不甘心被太平公主掣肘，太平公主也忌惮李隆基的英明神武，这对姑侄俩便开始了明争暗斗。

而就在李隆基和太平公主斗到关键时刻的时候，李亨小生命的出现反而成了李隆基的一块心病。

景云二年（711年）的李隆基无论是在手段和资本上都是无法与太平公主相抗衡的，为了不让自己被找到任何可以用来攻击的把柄，李隆基在听到良媛杨氏怀孕后非但不高兴，反而暗中让心腹张说找来药物堕胎，甚至自己躲在暗室中亲自煎熬堕胎药，准备亲手送走这个还未出生的孩子。

虽然后来因为种种原因最终让李亨顺利降生，但李隆基对李亨似乎自始至终都有着难以说清的隔阂感。

后时方娠，太子密谓张说曰："用事者不欲吾多息胤，恐祸及此妇人,其如之何?"密令说怀去胎药而入。太子于曲室躬自煮药,醺然似寐,梦神人覆鼎。既寤如梦,如是者三。太子异之,告说。说曰:"天命也,无宜他虑。"

——《旧唐书·后妃下》

  大难不死是李亨人生的第一次确幸。随着父亲李隆基彻底扳倒太平公主、成为大唐帝国真正的掌舵人后,大概率情况下,李亨会以富贵王爷的身份过完一生。但世事难料,很快李亨便被动地以一种残忍的方式迎来了自己的第二次确幸。

  在这里不得不分析一下李亨的父亲——唐玄宗李隆基的人物性格:后世在谈及这位开创开元盛世,同时也导致安史之乱的开元天子的时候,心情都很复杂,更有人会开玩笑说:李隆基如果死得早一点儿,一定会成为不亚于唐太宗李世民般的千古一帝。所以,如今提起李隆基的时候,基本的评论基调——这是位"靡不有初,鲜克有终"的帝王,前期英明圣武,后期醉生梦死。

  但大概是因为在激烈的政治斗争中成长起来的缘故,李隆基对于权力的掌控几乎到了变态的地步,任何威胁到他皇权的人物都只有死路一条,他的亲姑姑太平公主是如此,他的儿子也是如此。

  这就不得不提到发生在唐开元二十五年(737年)的"一日杀三王"事件了。

二

  李隆基的儿子很多,但真正被他考虑在立储人选范围内的儿子则少之又少,只有最为年长的几位皇子被李隆基认真考量过,他们分别是长子李琮、次子李瑛和三子李亨。

作为李隆基排在最前面的三位皇子，长子李琮最先被排除出局，因为他曾在打猎时被野兽抓破了脸，不具备统御四海九州的巍巍圣颜。

"外貌协会"的李隆基曾一度考虑过长子立储，但最终还是过不了心里的坎，李琮也因此得以远离政治迫害，富贵优游一生，死后还被三弟李亨追谥为皇帝，过了一把皇帝的瘾。

次子李瑛是李隆基正式册封的第一个东宫太子，唐开元三年（715年）成为帝国储君的李瑛其实过得很艰难，因为他有个权力欲极强的父亲，更有个极得宠且生儿子很多的后妈——武惠妃。

武惠妃是李隆基第一个宠冠后宫的女人，也是杨贵妃之前唯一能让李隆基为之流连的后宫妃子。李隆基很喜欢武惠妃，如果不是武惠妃的出身很尴尬的话，李隆基一定会毫不犹豫地将皇后宝座赐给她。

武惠妃出身很高，她姓武，武则天的武。从血缘上来看，武惠妃是武则天的侄孙女，但因为父亲早逝的缘故，武惠妃从小便被武则天养在膝下。

李隆基对于奶奶武则天的心情很复杂，大唐的文武百官也对那个独一无二的女皇时代心有余悸，所以身为武氏后人的武惠妃是不可能成为大唐皇后的，但事实上武惠妃在后宫中的待遇与皇后无异。

生了四子三女的武惠妃为了让自己的儿子做皇帝，仗着李隆基对自己的恩宠和对太子李瑛的猜忌，发起了一次又一次的政治迫害。

当时的朝政还有名相张九龄匡正，所以李瑛稳坐了二十二年东宫储君。但随着张九龄被李林甫构陷远谪，再也没有人替李瑛遮风挡雨，更没有人替李隆基理清思路，于是在唐开元二十五年（737年）四月，一场莫名其妙的太子造反案发生了。

武惠妃先以宫中有贼为名，将包括太子李瑛在内的三位年长皇子诓入后宫，然后又跑去李隆基处哭诉太子与二王谋反，本就疑心病重的李隆基没有听亲生儿子们辩白，先是将他们废为庶人，而后不久在同日流放途中的驿站赐死。

> 乙丑，使宦者宣制于宫中，废瑛、瑶、琚为庶人，流锈于瀼州。瑛、瑶、琚寻赐死城东驿，锈赐死于蓝田。瑶、琚皆好学，有才识，死不以罪，人皆惜之。
>
> ——《资治通鉴·唐纪三十》

一日之内杀了三个亲生儿子，其中一位是曾经的东宫太子，另外两位也是史书上有明文记载的贤王，李隆基的冷血无情可见一斑。

大哥毁容，二哥被杀，一直默默无闻的李亨就这么战战兢兢地坐上了东宫储君的位置，这一待就是十八年，直到那个让盛唐黯然失色的安史之乱爆发。

三

做李隆基的太子，其危险程度仅次于做武则天的太子。

十八年的储君生活让本就谨小慎微的李亨变得更加敏感和胆怯，他小心翼翼地侍奉着身体健硕的父亲，还得在两任宰相的刻意针对下努力活着，这导致精神压力巨大的李亨未到中年就白发丛生，让铁石心肠的李隆基都为之心生恻隐。

李亨性格谦和，且侍上纯孝，通俗点来说：这是个一看就很老实、没有坏心眼的好孩子。就是这样的老实孩子，很对李隆基的胃口，再加上老大出局，老二被杀，已经成为实际长子的李亨便成了大唐储君的不二人选（"年长，且仁孝恭谨，又好学"）。

但天宝年间的两个奸相——李林甫和杨国忠却对这位帝国的未来陛下各种看不顺眼，极欲除之而后快。

首先是李林甫。李林甫从来都没有在李亨的身上下过赌注，他中意的储君人选一直都是武惠妃之子李瑁。所以当李亨正式被册立太子后，李林甫开始了鸡蛋里挑骨头、各种制造牵连要将李亨拖下水的骚操作。

在这里就不得不提到韦坚案和杜有邻案了。

其实这两个案件都不复杂，无非是刚好犯事的两个人都是李亨妾室的娘家人，而李亨只是被早就要对他下手的李林甫强行关联了而已。

这两件事最终因为唐玄宗的信任，没有将李亨牵连其中，但吓破了胆的李亨先后主动提出要和自己的枕边人韦妃、杜良娣离婚，任凭这两位常伴左右的女子漂泊无依，任凭她们身后的家族因李林甫的政治迫害而家破人亡。

从旁观者的角度来看，李亨这样的做法实在是让人心寒，但身在当时的处境之下，李亨极力撇清关系，做到独善其身，这是他无奈且唯一能做的事情。

好在李林甫没能熬得过李亨，这位与安禄山沆瀣一气、逼走开元最后名相张九龄的一代奸相终于在天宝十一载（752年）病故，随之上台的杨国忠虽然也对李亨横眉冷对，时不时地搞事情，但终归再也无法撼动李亨的储君之位。

天宝年间的大唐随处都弥漫着熟透腐坏的气息，李隆基得到了心爱的杨贵妃后,从此君王不早朝,一心扑在温柔乡,直到"渔阳鼙鼓动地来,惊破霓裳羽衣曲"……

四

安禄山的叛军来得很快,负责守备的唐军败的速度也很快。短短半年的时间,潼关便被攻破,帝都长安危如累卵。

夺命奔逃的李隆基带着一众宗室公卿艰难行进,直至走到马嵬驿——那个让太子李亨终于挺直腰板做自己的命定之地。

马嵬驿之变是唐玄宗继安史之乱后遭受的又一次重大打击,行至马嵬驿的众将士早已人疲马乏,眼见国破家亡、生死难料,君臣伦理纲常在这一刻终于分崩离析,将士们对奸相杨国忠的愤怒瞬间到达了极点。

> 丙申,至马嵬驿,将士饥疲,皆愤怒。陈玄礼以祸由杨国忠,欲诛之。
>
> ——《资治通鉴·唐纪三十四》

马嵬驿之变的主要策划者有三个人:一是负责保护李隆基安全的禁军首领陈玄礼;二是太子李亨;三是李亨的心腹太监李辅国。马嵬驿之变的结果大家也耳熟能详:杨国忠在乱军之中被杀;杨贵妃被逼缢杀,香消玉殒。

不过,马嵬驿之变的史料记载中有两个细节很值得玩味:

一是在马嵬驿之变发生的时候,陈玄礼准备兵变的消息首先传到了李辅国的耳中,李辅国告知了当时还是太子的李亨,但李亨给出的反应是"太子未决"。李亨在犹豫，他并没有很爽快地答应陈玄礼，反而是静观其变。

二是李隆基在得知杨国忠被乱军杀死后，并没有怪罪将士，反而是好生宽慰。但在得知将士要求杀了杨贵妃后，先是"倚杖倾首而立"，然后艰难为杨贵妃辩白："贵妃常居深宫，安知国忠反谋！"

这些史料记载都完美复刻了李隆基当时不愿杀杨贵妃的心情，但在以陈玄礼为代表的扈从将士兵谏的强硬行为下不得不屈从。而作为东宫储君的李亨却自始至终没有发一言，仿佛在这场兵变中的参与度是零。

可后世人提到马嵬驿之变的时候，几乎都将李亨与陈玄礼捆绑在一起，认为李亨就是这场兵变的幕后策划者。

随着杨国忠死、杨贵妃殒，李亨顺理成章地与李隆基分开，在沿途百姓和随军将士的衷心拥戴下，一直以来以"谨小慎微"安身立命的李亨终于彻底摆脱了李隆基的阴影，他在灵武顺应民意即位，成了大唐帝国的第八位皇帝。

五

为了自己的江山社稷，李亨在即位后便迅速开始了他的戡乱大业。

不过，李亨的戡乱和他的高祖父李世民不一样，李世民是真刀真枪自己上阵杀敌，李亨则充满了水分，只能靠着李泌、郭子仪、李光弼等谋士名将出谋划策，浴血厮杀。

而更尴尬的是，为了避免将领拥兵自重，李亨派出了丝毫不懂兵法韬略的太监鱼朝恩做监军，外行指挥内行的愚蠢做法直接导致在最后关头功败垂成。

李亨终其一生也未能将安史之乱彻底平息,他甚至在无意之中让太监掌军这一遗祸后世的毒瘤彻底生长起来,并使得后世唐帝多少人都沦为太监集团的傀儡人。

李亨没当皇帝前,被父亲李隆基打压,被两任宰相针对;当了皇帝后,在朝堂上纵容宦官玩弄军权,在后宫又被张皇后吃得死死的,"诗圣"杜甫曾以一句"张后不乐上为忙"直接捅破了李亨惧内的秘密。

李亨惧内到什么程度呢?因为张皇后讨厌太上皇李隆基,所以九五至尊的李亨便不敢去见自己的父亲,只能偷偷思念到泪如雨下。

> 端午日,帝召见山人李唐,帝方拥幼女,顾唐曰:"我念之,无怪也。"唐曰:"太上皇今日亦当念陛下。"帝泫然涕下,而内制于后,卒不敢谒西宫。
>
> ——《新唐书·列传二》

憋屈、窝囊、愤懑,这些情绪并没有因为李亨成为天下共主后而消失,反而让他变得更加压抑,这直接导致他年过五十便久病缠绵,完全没有遗传他父亲李隆基的长寿基因。

其实,再健康的人生活在李亨的人生故事里,也会变得五脏郁结、疑神疑鬼,最后在高度紧绷的精神状态下身体彻底被病魔摧垮。

让人唏嘘的是,即便到了死的那天夜里,李亨也未能得到半点安宁,弥留之际的他亲眼看着自己的枕边人——张皇后被自己的心腹程元振等人生生拖走。

没有人在意龙床上的李亨是生是死，凶神恶煞的士兵见人就抓，哭喊声响彻本该禁卫森严的宫殿。

就是在这样的忧惧恐慌中，李亨吐出了最后一口气，这位活在猜忌、打压、牵制中的皇帝陛下终于结束了他被嫌弃的一生。

哥舒翰

我是被唐玄宗坑死的

唐天宝八载（749年），被唐玄宗赐金放还的"诗仙"李白浪迹神州，天性豪迈的他无论走到哪里都有着数不清的知己好友。每每有人写诗给李白的时候，他也会纵酒答诗，于有意无意之间成就了不少诗坛佳话，其中就有一篇传世名作——《答王十二寒夜独酌有怀》。

王十二是李白的仰慕者，他一个人对着大雪喝酒都能突然想起李白，而此刻四处碰壁、仕途无望的李白也满肚牢骚，趁着给王十二回诗的机会，在《答王十二寒夜独酌有怀》中写了一段酸溜溜的句子：

> 君不能狸膏金距学斗鸡，坐令鼻息吹虹霓。
> 君不能学哥舒，横行青海夜带刀，西屠石堡取紫袍。

李白劝王十二说："你可不要学那斗鸡走马之徒，靠着阿谀奉承就得意忘形！你也不要学那哥舒翰，靠着血战石堡城换得高官厚禄！"

从这句话就可以看出，李白在政治上有多幼稚，因为他口中那句内涵意味十足的"西屠石堡取紫袍"其实意义很重大。唐军能从吐蕃手里成功拿下天险之地石堡城,这不仅是一城一地的得失,还是可以带来"河、陇诸军拓地千里"之伟大成就的重大战略胜利,更是大唐经略西防、拱卫边境的关键一步。

其实从唐高宗永徽年间起,大唐和吐蕃之间就围绕着石堡城(唐玄宗时正式筑城)所在区域进行了长达近百年的鏖战,所投入的兵力和物资不计其数。而发生在唐天宝八载(749年)的哥舒翰收复石堡城之战可谓是让整个唐帝国为之振奋。

当胜利的消息传回长安城的时候,欣喜若狂的李隆基不仅让哥舒翰官升二品,还赏金赐银,送庄园送宅子,一时之间哥舒翰的名字几乎成了大唐名将的代名词。

可短短七年之后,明知敌人有埋伏的情况下,中风未愈的哥舒翰还是率领唐军二十万精锐"恸哭出关",并最终被生擒,一个不世出的名将在昔日看不起的逆贼安禄山面前俯首称臣,却最终还是落得被杀的下场。

从帝国名将到被俘变节,哥舒翰的人生落差过于极端,被俘前后的变化也太过戏剧性,而从他的身上,我们对于安史之乱的爆发也会多出一些新的理解。

一

时过境迁,哥舒翰留在史书上的人生都是从四十岁那年开始的。四十岁以前的哥舒翰经历过怎样的人生,又有过怎样的故事,我们已经不得而知。唯一知道的,是这位出生哥舒部落的酋长公子哥很有钱。

作为世代居住安西的富二代,哥舒翰虽然没能生在帝都长安这样的国际大都市里,物质生活相对来说比较匮乏,但西北大漠的苍凉风沙也塑造了哥舒翰义薄云天、侠气干云的豪爽性格。因此四十岁以前,哥舒翰的人生日常应该就是到处喝酒、交朋友,把一身无处发泄的热血都用在了路见不平上。

> 翰家富于财,倜傥任侠,好然诺,纵蒲酒。
>
> ——《旧唐书·哥舒翰传》

四十岁那年,中年哥舒翰送别了他的老父亲,他不得不在长安城中停留三年为父亲守孝,在长安城的哥舒翰只不过是普通人而已。不知是出于什么缘故,史书上只留下了一句"为长安尉不礼,慨然发愤折节,仗剑之河西"的记载。

那位出言讽刺哥舒翰的长安尉到底是谁早已不可考,反正活到四十岁都一事无成的哥舒翰由此开始了他的名将逆袭之路。

如果李隆基知道"一顿奚落讽刺"换来了哥舒翰这样的名将,他一定会对那位不知名的长安尉大肆表彰;但如果哥舒翰知道自己的结局是"兵败被俘,晚节不保"的话,他应该会更恨那位长安尉,毕竟富贵优游到终老也好过不得好死。

但历史没有如果,哥舒翰知道自己没有读书的天赋,于是转而投身于河西节度使王倕的麾下。对于浩瀚的历史长河来说,哥舒翰的第一任领导王倕实在是个小人物,但是很快哥舒翰就遇到了人生贵人——王忠嗣。

王忠嗣的身份很特殊,他是李隆基的养子,有这样一位贵人罩着,明珠蒙尘的哥舒翰很快便开始崭露头角,并开始了自己威震西北的军伍生涯。

和一般只知道用拳头说话的武将不一样,哥舒翰很喜欢读书,尤其对《左氏春秋》《汉书》等爱不释手。久而久之,汲取了些许文气的哥舒翰便和一般武将有了本质区别,他治下的兵士军容整洁,军心坚定,哥舒翰之名也渐渐被边军传颂。不过,让这位名将真正天下扬名的,还是那场被李白称为"屠"的石堡城之战。

二

哥舒翰很勇猛,猛到在抵御吐蕃入侵的苦拔海之战中,一人持枪横扫占据地利之势、自上而下蜂拥而来的三支步兵,打得吐蕃军队心惊胆寒。作为唐军阵营中对战吐蕃的王牌,四十几岁才参军的哥舒翰就像是天生的战斗机器般,战无不克,攻无不胜,比他更早出名的王忠嗣等名将在他面前都不得不自愧弗如。

但就在哥舒翰大杀四方、建功立业的时候,他的老大哥王忠嗣出事了。

王忠嗣很冤枉。作为忠烈的后代、李隆基的养子,从小在皇城中长大的他不得不和皇家扯上关系。早在年少时,王忠嗣便在李隆基的授意下,与当时还是忠王的李亨(后来的唐肃宗)交往,但随着李隆基执政后期的不断昏聩,曾和李亨过从甚密成了差点害死王忠嗣的原因。

李隆基很看重石堡城,所以他无一日不在考虑收复石堡城的大计。但作为戍守西北的主将,王忠嗣深知拿下石堡城所需要付出的代价——数以万计的兵士死伤、不计其数的军需消耗，而这一系列的背后又有多少人家破人亡。

所以，在李隆基正式提出收复石堡城的计划后，王忠嗣迅速给出了他的铮铮忠言："石堡城扼守天堑，吐蕃倾国之力派兵镇守，如果强行攻打的话，恐怕要付出死伤数万的代价。我只怕付出的代价远大于我们的所得，不如伺机而动方为上策。"

> 玄宗方事石堡城，诏问以攻取之略，忠嗣奏云："石堡险固，吐蕃举国而守之。若顿兵坚城之下，必死者数万，然后事可图也。臣恐所得不如所失，请休兵秣马，观衅而取之，计之上者。"
>
> ——《旧唐书·王忠嗣传》

不过这时候的李隆基早就不是那个能听得进逆耳忠言的圣明天子了，把不爽全写在脸上的他，被同样不爽王忠嗣得宠的李林甫领悟到了内心真实想法，于是在李隆基一力主推的收复大业受阻后，李林甫贴心地为王忠嗣准备了外臣勾结太子的罪名。

"王忠嗣当年任河东节度使的时候，说自己和忠王李亨一起长大，他要起兵拥护太子为尊！"

> 李林甫因使济阳别驾魏林告"忠嗣尝自言我幼养宫中，与忠王相爱狎"，欲拥兵以尊奉太子。敕征忠嗣入朝，委三司鞫之。
>
> ——《资治通鉴·唐纪三十一》

外臣勾结太子对于李隆基来说，是绝对不可触碰的逆鳞。李隆基对于亲生儿子，尚且有着"一天杀三子"的记录，面对王忠嗣这位养子就更不用客气了。

如果不是哥舒翰涕泗横流地上表陈情，王忠嗣险些没能从牢里被放出来，但随着王忠嗣被贬谪远州，彻底淡出大唐的军事舞台之后，属于哥舒翰的时代彻底来临了。

> 三司奏忠嗣罪当死。翰始遇知于上，力陈忠嗣之冤，且请以己官爵赎忠嗣罪；上起，入禁中，翰叩头随之，言与泪俱。上感寤，己亥，贬忠嗣汉阳太守。
>
> ——《资治通鉴·唐纪三十一》

三

被升任为西平太守、陇右节度使的哥舒翰刚一上任，遇到的问题就很棘手，摆在他面前第一个亟待解决的难题就是那个老大哥王忠嗣宁愿触怒龙颜也不愿碰的"收复石堡城"。但前任血一般的教训就在眼前，哥舒翰纵有千般无奈，也要硬着头皮冲上去。

唐天宝七载（748年），哥舒翰开始在青海湖大搞基建，他于青海湖湖中岛屿上建设应龙城要塞，而随着这一进可攻退可守的要塞成功筑成，吐蕃动不动便能长驱直入袭扰青海的时代一去不复返，吐蕃对大唐的优势也在不知不觉间一点点消失。

唐天宝八载（749年），厉兵秣马准备多时的哥舒翰集结朔方、河东十万余众攻打石堡城，并以不到十天的工夫攻克了这一让前人望而却步的天堑要塞，哥舒翰之名也彻底地被大唐万众子民铭记心中。

但就像是王忠嗣担忧的那样："一将功成万骨枯"。哥舒翰攻克石堡城的背后，其实是数万将士的死伤，这也就是为什么李白说出了那句"君不能学哥舒，横行青海夜带刀，西屠石堡取紫袍"。

我们必须要强调的是，哥舒翰经略西境期间，吐蕃基本进入了守方，但随着他一路加官晋爵，这位天宝名将的身上渐渐有了些"盛名之下，其实难副"的意味。而要想说清这一点，我们不得不提到李林甫和杨国忠。这两位权倾朝野的奸臣几乎左右了李隆基后期所有的政治大事，安史之乱的爆发也与李、杨二人有着脱不开的关系。

作为李隆基时代在位时间最长的宰相，李林甫重用胡将的策略导致安禄山的势力不断扩大，在客观上导致了安史之乱的爆发；而作为李林甫的继任者，杨国忠在阻塞言路和结党营私方面的天赋远高于前者。接连两位宰相都是如此荒唐，再加上李隆基的纸醉金迷，纵有无数前人披肝沥胆，也阻止不了盛唐的光辉黯然失色。

作为安禄山在朝中的忠实盟友，李林甫任宰相期间，安禄山尚且对朝廷忌惮一二；而随着李林甫病死，深觉无法控制安禄山的杨国忠开始不断向李隆基吹耳旁风，所述主题只有一个——"皇上，安禄山要造反！"

> 时安禄山恩宠特深，总握兵柄，国忠知其跋扈，终不出其下，将图之，屡于上前言其悖逆之状，上不之信。
> ——《旧唐书·杨国忠传》

为了不"辜负"杨国忠，蛰伏了数年之久的安禄山终于在唐天宝十四载十一月初九（755年12月16日），以讨伐杨国忠为名正式起兵造反。安禄山来势汹汹，唐军节节败退，而比这更让人无语的是，李隆基居然昏聩到战前斩将,将名将高仙芝和封常清以战败为由斩首示众,全军上下一片哗然。仅仅用了一个月的时间,安禄山便攻破了东都洛阳,值此危急存亡之秋,李隆基想到了一个人——中风在家休养的名将哥舒翰。

"喝酒伤身"这四个字在哥舒翰的身上得到了印证,这位可以被称得上酒豪的名将没有因为战场上的刀伤剑伤而倒下,反而因为喝酒导致中风而不得不在家休养,但久卧病榻的他还是没能逃过李隆基的诏令。

> 翰好饮酒,颇恣声色。至土门军,入浴室,遘风疾,绝倒良久乃苏。因入京,废疾于家。
>
> ——《旧唐书·哥舒翰传》

无论是否还能上阵杀敌,无将可用的李隆基不顾哥舒翰的百般哀求,强行将这位曾经的开元名将推上了潼关前线,也亲手断送了这位名将的晚节。

四

毕竟前半生的战功太耀眼,所以当哥舒翰抱病出征的时候,信心满满的李隆基亲自为其饯行,文武百官更是一路陪送到皇城郊外,如此殊荣的背后,其实是因为大唐已到了命悬一线的关键时刻。

潼关!

潼关一旦失守,就意味着帝都长安也将不保,可以说李隆基已经将身家性命全部押在了哥舒翰的身上,但哥舒翰还是让他失望了。

名将的判断总是高于一般人，按照哥舒翰的战略思路，只要死守潼关，安史叛军就会因为人心溃散而战力大减，这一判断毫无疑问是正确的。

但从整个战局来看，此时的唐军正在不断地收复失地，李光弼和郭子仪这对帝国双璧打得安禄山的合伙人——史思明毫无招架之力，其余各地的唐军也接二连三取得了不少胜果，逐渐盲目乐观的李隆基在奸相杨国忠的撺掇下，开始了"外行指导内行"的作死之路。

杨国忠进谗言是有私心的，因为他与哥舒翰之间已经到了水火不容的地步。对于手握重兵的哥舒翰来说，解决安史之乱最快的办法就是杀了杨国忠，让安禄山师出无名。而身处大后方的杨国忠当然也知道如果哥舒翰想动手杀自己，那简直跟捏死一个蚂蚁一样简单，毕竟当时的唐军精锐都在哥舒翰的手中。

于是为了防止哥舒翰倒戈，杨国忠先后安排了一万三千余人的军队，并派自己人牢牢掌握这支武装力量。但身在前线的哥舒翰如何不知道杨国忠的心思？同样担心被杨国忠背后捅一刀的哥舒翰借故杀了杨国忠的亲信，将一万余人的军队再度统括到自己的麾下。这一来二去之间，哥舒翰与杨国忠的信任危机越来越严重，曾互为倚仗的这对将相最终走到了你死我活的极端对立关系。

> 又募万人屯灞上，令所亲杜乾运将之，名为御贼，实备翰也。翰闻之，亦恐为国忠所图，乃表请灞上军隶潼关。六月，癸未，召杜乾运诣关，因事斩之；国忠益惧。
>
> ——《资治通鉴·唐纪三十四》

于是在看到哥舒翰只一味死守潼关、不愿主动出击后，被杨国忠蛊惑的李隆基不顾郭子仪、李光弼等人的劝阻，下诏强令哥舒翰出战，前去传令的使者络绎不绝，被逼无奈之下的哥舒翰在明知必败的绝望之中，还是领着二十万精锐痛哭出关，然后一战而溃。

> 国忠疑翰谋己，言于上，以贼方无备，而翰逗留，将失机会。上以为然，续遣中使趣之，项背相望。翰不得已，抚膺恸哭；丙戌，引兵出关。
>
> ——《资治通鉴·唐纪三十四》

坚守了大半年的潼关要塞也随着兵败而一朝失守，二十万精锐生还者不过八千余人，连哥舒翰本人也被生擒，原本形势一片大好的平叛大业也随之葬送。

惊慌失措的李隆基南逃巴蜀，在路过马嵬坡时又经历军事哗变，弄权一生的杨国忠被乱军砍死，连杨玉环也被赐死于马嵬坡下，曾一度起死回生的盛唐气象终归还是消失在了历史的滚滚烟尘之中。

而哥舒翰这位开元名将被俘的时候已经五十多岁，曾纵马西北、纵横捭阖的名将气魄早已荡然无存，他没有像所有人理想中的名将般在厉声怒骂叛贼中慨然赴死，而是跪倒在自己曾看不起的安禄山面前摇尾乞怜，求一条生路。为了能活下去，哥舒翰甚至主动提出写信招降，至此他那名将的滤镜被自己亲手打得细碎。

但安禄山没有想到的是，唐朝诸将领的气节远比哥舒翰要高得多，大家在接到哥舒翰写来的招降书后纷纷痛骂。而当一个俘虏失去价值的时候，也就是他走向死亡的时候。

> 作书招光弼等，诸将报书皆让翰不死节。
>
> ——《旧唐书·哥舒翰传》

历史典籍，为哥舒翰提出了两个不同的结局。按照《旧唐书》的说法，这位名将在招降无果后，便被安禄山所杀；而按照《新唐书》和《资治通鉴》的说法，哥舒翰直到唐至德二载（757年）才被安禄山之子安庆绪所杀。

但无论哪种死法都改变不了哥舒翰是被俘投降，然后被杀的屈辱，这位名将用如此让人不齿的死法结束了自己本该灿烂辉煌的军伍生涯，留给后世无限唏嘘感慨。

哥舒翰式的悲剧，固然有自身的原因，但其深层次的原因更多的是来自越发昏聩不堪的帝国内部矛盾。

被无数次提前预警，安禄山为什么还是能顺利起兵造反？

本不该爆发的安史之乱，或者说本该早早被平息的安史之乱，最终还是在唐帝国的辽阔疆域上全面炸裂，而后盛唐落幕，帝国呜咽。

直到一百五十三年后的朱温篡唐，唐朝彻底灭亡，这场安史之乱的余毒都未能被彻底清除……

张光晟

一个很传奇的小人物

唐天宝十五载（756年）六月，被称为"畿内首险、四镇咽喉"的潼关被安史叛军攻陷，二十万唐军精锐几乎全军覆没，连主将哥舒翰都被叛徒生擒，至此关中腹地洞开，长安城危如累卵。

　　当时，在溃不成军、四散奔逃的唐军人潮中，仅次于哥舒翰的唐军二把手王思礼已经绝望地闭上了双眼，因为他的战马刚刚被流矢击中。

　　作为总管骑兵的将军却失去了自己心爱的战马，骑兵变步兵的王思礼看着如潮水般涌来的安史叛军，已经做好了壮烈殉国的准备。

　　但就在这时，四处溃逃的人群中有一位年轻骑兵如天神下凡般停在了王思礼的身边，他让出了自己的战马，然后没有留下任何个人信息就转身离开了。

　　兵荒马乱之际，王思礼来不及追问恩人的姓名，但那沾满血污的面庞却深深刻在了自己的脑海里，即便是他后来拜将封侯，一路高升，也从未忘记那位年轻骑兵的救命之恩。

　　　　天宝末，哥舒翰兵败潼关，大将王思礼所乘战马中流矢而毙，

> 光晟时在骑卒之中，因下，以马授思礼。思礼问其姓名，不告而退，思礼阴记其形貌，常使人密求之。
>
> ——《旧唐书·张光晟传》

直到多年以后，当一个名为张光晟的年轻人替自己上司来求情时，王思礼一眼认出了救命恩人，这位手握重兵、早已飞黄腾达的大帅泪如雨下，在感慨之余也将寂寂无名的张光晟推上了中唐的历史舞台。

> 光晟遂陈潼关之事，思礼大喜，因执其手感泣曰："吾有今日，子之力也。求子颇久，竟此相遇，何慰如之？"命同榻而坐，结为兄弟。
>
> ——《旧唐书·张光晟传》

一

如果没有张光晟让马相救，王思礼只怕已经跟哥舒翰一起深陷敌手，最后死于非命，绝不可能有以后拜将封侯、位列三公的仕途高升。同样，如果没有解救王思礼的这份恩情，行伍出身的张光晟只怕根本不可能青史留名，也许他会在某一场战斗中如路人甲一样死去，寂寂无名。

唐乾元二年（759年）是张光晟人生的节点。

乾元二年（759年）以前的张光晟只有一个身份——一个普通的骑兵，没有人知道那时的他经历过什么，甚至连详细的从军履历都无法说清楚。

我们只知道在唐天宝十五载（756年）六月的那场潼关大战里，张光晟所在的军队正是负责镇守潼关的精锐骑兵队。

很遗憾的是，因为听信了奸相杨国忠的谗言，李隆基几次三番地催促已经抱病在身的哥舒翰主动出击，而万般无奈下的哥舒翰也只能恸哭出关，最后陷入安史叛军的重重包围，大唐二十万精锐几乎全军覆没；但很幸运的是，得以生还的残兵败将共有八千余人，主动将马让给王思礼的张光晟居然也毫发无伤地回来了。

在全军覆没的生死存亡之际，张光晟让马的行为无异于自杀，但他却义无反顾地让出了自己逃命的唯一机会，并在侥幸不死后不索功劳，不要补偿，这样的气度无论放在何时都让人钦佩。

这是作为普通士兵的张光晟的人性光辉，也是他准备带入黄土中的秘密。

而那位在潼关惨败中捡回一条命的将军王思礼也从来没有放弃过寻找救命恩人，那之后的他不仅走出水逆，还率领大军四处平乱，短短三年的时间就从曾经的败军之将晋升为威震一方的河东节度使，更在唐上元元年（760年）被封司空，成为大唐有史以来第一个位列三公却不居相位的人物。

张光晟和王思礼的人生际遇有着天壤之别，在潼关相救时曾短暂交会，但很快又各奔东西。如果不是代州刺史辛云京的缘故，王思礼只怕一辈子都找不到他的救命恩人了。

二

唐乾元二年（759年），代州刺史辛云京正在因为被人诋毁而终日饮食难安，他的顶头上司王思礼即将问罪的消息就像是整日悬在头顶的利刃般，让他无时无刻不在饱受着死亡煎熬。

而就在辛云京不知该何去何从的时候，一个并不那么熟悉的麾下骑兵站了出来，并用一番话惊得辛云京热泪盈眶："大人莫慌，我曾有恩于王大人，之前因不想靠着旧恩得到赏赐才不与人提起，如今大人有难，末将愿意前去求情。"

> 云京惶惧，不知所出。光晟时隶云京麾下，因间进曰："光晟素有德于王司空，比不言诸，耻以旧恩受赏。今使君忧迫，光晟请奉命一见司空，则使君之难可解。"
> ——《旧唐书·张光晟传》

此时的辛云京和当初潼关大战中的王思礼一样，张光晟就像是老天爷为他们量身定制的救命稻草。而后续也像张光晟说的那样，当救命恩人出现在自己面前的时候，早已是正二品大员的王思礼泪如雨下，不仅原谅了辛云京，还与张光晟结为兄弟，并用自己的政治资源将这位原本名不见经传的小兵，送上了晋升的快车道。

> 思礼大喜，因执其手感泣曰："吾有今日，子之力也。求子颇久，竟此相遇，何慰如之？" 命同榻而坐，结为兄弟。光晟遂述云京之屈，思礼曰："云京比涉谤言，过亦不细，今为故人，特舍之矣。"
> ——《旧唐书·张光晟传》

张光晟的政治起步很高，在和王思礼相认以后便被火线提拔为太常少卿，而随着辛云京当上河东节度使，他又将救命恩人张光晟推荐坐上了代州刺史的位置，而靠着两人的提携庇护，张光晟完成了从普通士兵到将军的完美逆袭。

张光晟正式亮相历史舞台的时间段刚好是安史之乱的混乱年代，但他并没有在平定安史之乱中有什么亮眼的表现，大概是突然从小兵变成了镇守一方的军事长官，如此巨大的人生转变需要张光晟花很长的时间去适应和调整。所以，当史料中再出现张光晟这个名字的时候，已经是大历末年的事情了。

这一年的张光晟被任命为统辖一方的单于都护，更得到了唐代宗李豫的亲自接见。李豫对于张光晟的期望很高，他甚至暗中叮嘱张光晟要好生考虑对付回纥的良策。这是近臣才有的待遇，也是张光晟职业第二春的开始。

> 大历末，迁单于都护、兼御史中丞、振武军使。代宗密谓之曰："北蕃纵横日久，当思所御之计。"光晟既受命，至镇，威令甚行。
>
> ——《旧唐书·张光晟传》

三

没有在平定安史之乱中崭露头角的张光晟，在和回纥的日夜死磕中找到了自己的价值。这位因义薄云天才得以发迹的将军在到达辖区以后，便开始了日以继夜的厉兵秣马，他的赫赫威名也逐渐被人所熟知。

回纥问题是李亨执政时期留下的心腹大患，这是他为了快速平定安史之乱而不得不采取的"饮鸩止渴"之下策。

就像是三国时期大将军何进为了剿灭十常侍势力，引董卓入关，最终酿成了董卓霸占两京之地的悲剧；安史之乱发生以后，李亨为了尽快平定叛乱，转而向回纥借兵，此举虽然让大唐得到了回纥骑兵的帮助，但当"居无恒所，随水草流移"的回纥人来到天朝皇城以后，他们又怎么舍得眼前的繁华，再回到那个什么都没有的草原去呢？

主客颠倒是回纥问题最尴尬的地方，把自己当成大唐救世主的回纥人一边打叛军一边烧杀抢掠，更有回纥人群居于长安繁华地带，却改不了打砸抢烧的旧习，而动不动就发生的暴乱让回纥和大唐之间的关系已经到了剑拔弩张的地步。

《旧唐书》中对于回纥有一句盖棺定论式的评价：

人性凶忍，善骑射，贪婪尤甚，以寇抄为生。

这句话也从侧面反映出了回纥军队的机动性之高和战斗力之强，作为前线指挥官的张光晟则是在面对如此强大的回纥骑兵时，替大唐找回了天可汗的赫赫威名。

不过历史永远充满了诸多意外和不可捉摸，就像是没人知道名将哥舒翰居然会在被俘后向安禄山摇尾乞怜一样，王思礼会在坠马后得到无名小卒的让马救命之恩，名声与战功齐飞的张光晟在回纥与大唐即将修复双边关系的重要时刻，突然以鸿门宴的方式将前来赴宴的千余名回纥人杀得干干净净，他更是嚣张地留下了两个活口回去报信，一时之间举国震动。

张光晟做了让唐德宗李适暗爽的事情，这也就是即便回纥给出巨大的外交压力，非要让李适杀了张光晟做交代，但张光晟仍得不死的原因。少年时的李适曾被回纥可汗当众羞辱，张光晟的做法对他而言，也算出了一口恶气。

所以在张光晟看来，自己应该是"敢冒天下之大不韪"的忠臣才对，但出于对回纥的交代，这位曾纵马游弋西北的将军还是政治前途尽毁，只能被大唐官方以闲职拘束在长安城中，整日无所事事。

如果故事只讲到这里的话，张光晟纵然没有太大的作为，也算是一位义薄云天、充满血性的大唐将领。但沉寂三年以后再度回归历史舞台时，张光晟便是以反贼的身份出现了。

四

唐建中四年（783年），由于朝廷封赏不公，导致泾原兵变爆发。哗变的兵士一方面攻陷长安掠夺皇家库藏，另一方面又请出赋闲在家的太尉朱泚来做皇帝，至于落荒而逃的李适则被来势汹汹的叛军围在奉天一月有余，李唐皇室的威严也随之一落千丈。

朱泚是被李唐皇室夺权赋闲在家的失意之人，所以当他正式决定跟着泾原兵士们一起造反的时候，也立马找了一群被迫赋闲、政治失意的官员来辅佐自己，而在这之中就有时任太仆卿的张光晟。

> 检校司空、同平章事李忠臣久失兵柄，太仆卿张光晟自负其才，皆郁郁不得志，泚悉起而用之。
>
> ——《资治通鉴·唐纪四十四》

泾原兵变来得很突然，一群没拿到合理报酬的底层军人反过来推举一位新话事人，并在这位新主子的带领下，向着老东家发起了猛烈攻击。换句话说，朱泚所带领的造反军队从本质上讲，都只不过是为利驱策的乌合之众罢了，当分散各处的官军回过神来的时候，朱泚注定会覆灭。

作为朱泚起兵造反的核心班底，张光晟注定是被钉在耻辱柱上的反贼无疑。但随着唐军一步步迫近长安，张光晟却又再度反正，成了里应外合解放长安城的关键人物。总结来说，张光晟先因郁郁不得志而跟随朱泚造反，而后又在关键时刻反了朱泚，这样的左右横跳让他的人物性格变得越发复杂。

《旧唐书·张光晟传》中有一段很耐人寻味的记载：

> 晟进兵入苑，光晟劝贼泚宜速西奔，光晟以数千人送泚出城，因率众回降于晟。

简单地说，就是张光晟在唐军将领李晟入城后，先是带着数千人护送朱泚出城，而后又率众回程投降唐军，这样的做法到今天都让人捉摸不透。

如此矛盾的做法似乎更像是张光晟要在反正回归李唐的同时，回馈了和朱泚造反这段时间的革命情谊。

但张光晟能得到所有人的谅解吗？不能！这位从小人物开始逆袭为一代名将，而后又成为叛贼，最终重新回归李唐的人，终究还是因为造反而被斩首示众。

史书上仅仅以"斩之"这两个字就结束了张光晟的一生，这位生平复杂、性格复杂的人物在临死之际仅留下了十二个字的最后遗言。

> 光晟临死而言曰：传语后人，第一莫作，第二莫休。
> ——《奉天录·卷四》

这十二个字是成语"一不做，二不休"的出处，这十二个字也是张光晟对自己一生的总结，但他到底是在悔恨自己未能一生尽忠于李唐，做个忠臣，还是在感慨自己未能辅佐朱泚一路造反，重新打出一个乾坤。

后世的我们已经不得而知，唯有那浩浩汤汤的历史裹挟着时间滚滚向前，从不肯为任何人、任何事停留……

张巡

孤臣守孤城,功过后人评

唐至德元载（756年）一月，安史之乱中最惨烈的城市保卫战——睢阳保卫战开始了，城外漫山遍野的，是十八万安史叛军；城内坚守待援的，是从四处拼凑而来的七千守军。

十八万叛军对战七千守军，在如此悬殊的人数对比之下，睢阳保卫战从一月打到了十月，直到睢阳城破，指挥官张巡、许远等人尽数被俘，不屈而死，也没等来唐军的支援。

"战至最后一兵一卒"是睢阳保卫战全体守军用鲜血诠释的诺言。睢阳城被围前，城中尚有六万人；而十个月后睢阳城破，叛军攻入城中的时候才发现，这座城池最终留下的活口只剩下四百人。

> 被围久，初杀马食，既尽，而及妇人老弱凡食三万口。人知将死，而莫有畔者。城破，遗民止四百而已。
> ——《新唐书·张巡传》

十个月的坚守，让安史叛军不得不停下肆虐的兵锋，也让惊慌不知所措的唐军得以稳住阵脚。但十个月的坚守背后，是吃完了老鼠、树皮，甚至皮革的守军们不得不开始吃人的代价，这是人道主义的巨大灾难，也让悲壮的睢阳保卫战蒙上了一层血色。

有人说张巡是忠臣义士，也有人说张巡是食人恶魔，甚至有人问出了这样一个问题："如果打不过的话，为什么不跑？为什么非要靠吃人来死守睢阳呢？"

> 时议者或谓：巡始守睢阳，众六万，既粮尽，不持满按队出再生之路，与夫食人，宁若全人？
>
> ——《新唐书·张巡传》

历史无言，忠魂无言，那没入黄昏中的睢阳古城无言，唯有那掠过血染沙场的呼啸冷风在发出呜咽的哀鸣，仿佛在向所有人诉说着那十个月坚守的惨烈与悲壮……

一

作为安史之乱中最惨烈的一战，睢阳保卫战本不该由张巡这样的底层官员来扛起重担，但当安史叛军的铁蹄自河北而来的时候，兵锋所向，城池望风而降，那些本该承担守护一方百姓的郡守纷纷丢掉了忠义廉耻，匍匐在了安禄山的脚下，这其中就包括谯郡太守杨万石。

作为顶头上司的杨万石甚至没有一丝挣扎就迅速变节，而其下属张巡却在完全沦陷的大前线，以真源县令这一七品小官的身份，带着千余人投入反抗叛军的队伍中。

后世再提起张巡的时候，会称其为张中丞、邓国公等，但事实上当张巡被朝廷加官晋爵的时候，他已经被围困在睢阳孤城之中，那些高高在上的封官于他而言只是一个毫无意义的荣誉，因为直到被俘就义，他也没能享受到高官厚禄。

所以睢阳之战的本质，就是一个底层官员不愿投敌，在得不到朝廷任何援助的情况下，为大唐生生拖住了安史叛军十个月。

死守睢阳十个月的战略意义是很大的，因为这既保住了江淮地区和中原地区的广大沃土免受兵灾，又让大唐得以靠着这些富庶地区的赋税和兵源，组织有效反击，最终扭转颓势。

"位卑未敢忘忧国"，一千多年后的大清名臣林则徐替张巡说出了他为什么要孤臣守孤城的原因：因为这是大义，是宁愿人头落地也要捍卫的大义。

张巡并非武将，他是天宝末年的进士，一个标准的读书人。在睢阳保卫战之前，他曾担任过清河县令，并因为其出色的治理才能而得到所有人的认可。天宝末年的大唐已经走到了盛世尾声，就像是熟透的水果开始散发腐败气息一样，整个大唐官场也随着李林甫、杨国忠这两位奸相的接续执政而变得黑暗不堪。

所以，因为在地方治理出色被调回长安的张巡发现，如果自己不依附杨国忠，就不能得到重用，他冷笑着说了一句："这正是国家当前的怪象，这京官不当也罢！"就这样，这位本该前途似锦的人才又去真源县继续做一个小小的县令。

> 秩满还都。于是杨国忠方专国，权势可炙。或劝一见，且显用，答曰："是方为国怪祥，朝宦不可为也。"更调真源令。
>
> ——《新唐书·张巡传》

真源县境内有着数量惊人的土豪劣绅、地痞流氓,辖区内的百姓在地头蛇们的欺压之下敢怒不敢言。而在张巡调来以后,以当地刺头"华南金"为突破口,杀一儆百,让原本乌烟瘴气的真源县为之一振,再无人敢作威作福。

真源县是大唐乱象的一个缩影,张巡管得了这一处的乱象,对大唐的积重难返无能为力。当帝国所有的矛盾都集中在一起爆发的时候,那场惊碎盛唐美梦的安史之乱在所有人的预料中爆发了。

二

安史之乱爆发前,不是没有人发现安禄山正在准备造反的小动作,包括杨国忠在内的官员不止一次地向唐玄宗李隆基发出明确的示警:安禄山必反!安禄山必反!

但沉浸在自己浩浩天威之中的李隆基全然不顾群臣的提醒,反而相信了安禄山的片面之词,还将说安禄山必反的忠臣义士直接捆了送给安禄山,于是这场本该完全可以避免的战乱在所有人的沉默中来临了。

> 自是有言禄山反者,上皆缚送之。由是人皆知其将反,无敢言者。
>
> ——《资治通鉴·唐纪三十三》

唐天宝十四载十一月初九(755年12月16日),身兼范阳、平卢、河东三镇节度使的安禄山,率领十五万叛军浩浩荡荡地杀向长安城。

已经承平日久的大唐子民数代人不闻兵革,当安史叛军劫掠而来的时候,举国上下都陷入了惊慌失措之中。

河北一带原本就是安禄山的辖区,所以叛军几乎没有受到什么阻截,所到之处城门洞开,纵然有一小部分忠臣义士想要反抗,也在叛军强大的战斗力面前瞬间崩溃,看起来强大无比的帝国竟然隐隐有要被灭国的迹象。

> 时海内久承平,百姓累世不识兵革,猝闻范阳兵起,远近震骇。河北皆禄山统内,所过州县,望风瓦解。守令或开门出迎,或弃城窜匿,或为所擒戮,无敢拒之者。
>
> ——《资治通鉴·唐纪三十三》

唐天宝十四载(755年)十二月,安禄山仅用一个月的时间就攻陷了东都洛阳,并称帝于洛阳,自称大燕皇帝。这让原本还持观望态度的各地官员纷纷开启了躺平投降模式,而身处沦陷区的张巡则在听闻领导杨万石投降的消息后泪如雨下,随即招募兵士开始了如同蚍蜉撼树般的反抗。

张巡的人生第一战发生在一个名为雍丘的县城,雍丘的县令令狐潮在燕军大举杀来的时候,马上很"识时务"地选择了投降,并随后作为燕军将领开始了和张巡的死磕。对于雍丘来说,令狐潮是最大的威胁,因为不久前他还是这座城市的父母官,所以对于雍丘的所有情况,令狐潮了如指掌。

雍丘城中所能用的兵力只有两千,但来势汹汹的令狐潮带着四万人马长驱而来,巨大的兵力差距让雍丘城中的所有人都倍感压力。飞箭如雨,滚石如雷,想要凭借绝对实力直接摧毁雍丘城的令狐潮开始了疯狂的碾压,而得到所有人认可被推举为主帅的张巡则用尽了一切战术战略。

按照史书上的真实记载,张巡在坚守雍丘城中的那段时间,用尽了兵法韬略,如他曾利用燕军的骄兵心态,趁夜以千人队伍直冲燕军四万人大本营。

他还曾在缺箭的情况下,以草人从城墙上悬挂而下,惊得燕军乱箭齐发,由此获得足够的箭矢。

"草人借箭"的计谋还有后续,那就是张巡日日都悬挂草人下城墙,就在燕军渐渐习惯于"草人"的时候,张巡以五百死士替换草人,一夜趁乱杀敌十里,让明明数十倍于自己的燕军愣是未有寸进,反而损兵折将。

整整四个月的时间,令狐潮的数万大军未有寸进,而张巡仅仅带着两千人马坚守孤城,甚至还组织了一次又一次的主动进攻,每战必捷。

围凡四月,贼常数万,而巡众才千余,每战辄克。
——《新唐书·张巡传》

张巡在雍丘的表现终于惊动了天下,安禄山和唐肃宗李亨都不知道张巡是谁,安禄山很愤怒,李亨很欣慰,但这两位都不知道的是,和接下来坚守睢阳相比,坚守雍丘显得稀松平常。

三

随着战场的局势变化,张巡做出了主动弃守雍丘的决定,朝着他的命中注定之地——睢阳进发了。

从后世的角度来看，如果不是张巡在睢阳生生拖住燕军十个月，唐军调配军需物资，重新整顿军队，以及后面光复两京的一系列行动都将没有操作的时间与空间。

因为睢阳的战略位置很重要，为江淮平原的最后屏障，如果睢阳城陷，江淮的富庶地区和身处其中的百姓们都将被燕军的铁蹄蹂躏殆尽，大唐也将彻底失去用兵作战的赋税来源。

所以，即便是城中没有足够的人马，即便是迟迟等不到帝国的援军，即便是明知道留下来一定会死，包括张巡在内的七千守军还是义无反顾地选择了死守这一条路。

安史之乱中最壮烈的城市保卫战由此正式拉开序幕，同仇敌忾的睢阳守军在张巡的指挥下屡破燕军，昼夜激战数十场，每次都将围攻的燕军尽数击退。但在源源不断的燕军面前，无论多大的胜果都显得十分苍白，因为每每杀尽来犯之敌后不久，新的燕军又完成了新一轮的合围部署。

> 巡出战，昼夜数十合，屡摧其锋，而贼攻围不辍。
> ——《资治通鉴·唐纪三十五》

睢阳就像是弃子般被遗忘，没有后勤支援，没有援军赶来，而与此同时，燕军源源不断的兵力正迅速朝着睢阳涌来。其实并非唐军没有足够兵马，甚至就在距离睢阳不远处的临淮、彭城都有大唐军队驻扎，但所有人都像是隔岸观火般看着睢阳城中的张巡苦战，却无一人肯去救援。

张巡曾派出部将南霁云前往各城求援,但却没有得到任何回应。彭城守将许叔冀只愿赠送数千布匹,不愿发兵相救;而临淮守将贺兰进明则直接以"睢阳存亡已决"为由,拒绝发兵救援……

> 既见进明,进明曰:"睢阳存亡已决,兵出何益?"
> ——《新唐书·张巡传》

睢阳城附近的所有唐军将领都知道,张巡这样的人必须死,睢阳必须失,否则如他们这样的人该怎么混下去呢?开元盛世的纸醉金迷早已把唐军的骨头都泡软了,也早已让那些手握重兵的唐军将领失去了杀身报国、重义轻生的武将血性,在这些作壁上观的唐军将领眼中,如张巡这样宁死不屈的大唐忠臣只能死在沙场,活在子民的心里。

于是,孤城!孤臣!

从吃纸到吃战马,再到吃飞鸟和老鼠,最后是吃人。让人百感交集的是,城中百姓们人人都知自己必死,却无一人叛离这座必死之城。六万人都甘愿用自己的性命,守住这座江淮屏障,也许这场伟大的战役里不会留下自己的名字,但无论是睢阳城中的平民还是士兵,他们都无怨无悔。

> 茶纸既尽,遂食马;马尽,罗雀掘鼠;雀鼠又尽,巡出爱妾,杀以食士,远亦杀其奴;然后括城中妇人食之;既尽,继以男子老弱。人知必死,莫有叛者,所馀才四百人。
> ——《资治通鉴·唐纪三十六》

唐至德二载（757年）十月初九，睢阳城中已经没有可以站起来继续作战的士兵了，孤臣张巡望着满目疮痍的孤城，对着西面遥跪大唐天子："孤城已到山穷水尽，臣生不能面圣，死也要化作厉鬼杀贼！"

> 十月癸丑，贼攻城，士病不能战。巡西向拜曰："孤城备竭，弗能全。臣生不报陛下，死为鬼以疠贼。"
> ——《新唐书·张巡传》

如张巡这样的人物，连叛军都不忍杀之。面对敌人的劝降，张巡等一众忠臣义士无一人答应。史书上定格了这些忠臣义士最后的画面，他们蓬头垢面却坚韧不屈，他们死到临头却谈笑自若，他们明明只要微微屈膝就可以活下去，但所有人都没有低下头。

面对明晃晃的屠刀，张巡对着爱将南霁云高声喊道："南八，男儿一死而已，不能屈服于不义之辈！"

而南霁云则笑着高声回应张巡："正想如此！您素来是知道我的，我怎敢不死！"

言讫，三十六人，慨然赴死，青史昭昭，自有分说。

至德二载（757年）九月，唐军收复长安；至德二载十月，睢阳城破，张巡等三十六人慷慨就义，同月，唐军收复洛阳……

光复两京的无上功劳，让天下人都记住了郭子仪的名字；而坚守睢阳十个月的张巡，若不是有好友李翰撰文记载其人其言其行，只怕他的名字将彻底沉入历史的幽暗深处。

不过，是否天下扬名于张巡而言并不重要，于他而言，拖住叛军十个月，保住江淮平原免受侵犯，这便已经够了。赞誉也好，诽谤也罢，一切都交由后人评说。

"守一城,捍天下,以千百就尽之卒,战百万日滋之师,蔽遮江淮,沮遏其势。天下之不亡，其谁之功也！"

时隔五十年后的唐元和二年（807年），韩愈给出了他的回答。

颜真卿

我在七十五岁那年壮烈殉国

唐乾元元年（758年），让大唐雄风黯然失色的安史之乱已经打到了第四年，万国来朝的帝国荣光黯然褪色，取而代之的是混乱不堪、遍地狼烟的赤地与流民。

战争考验的是帝国的实力，死亡考验的是臣下的忠心。

曾威名在外的帝国军队被安史叛军横扫而过，曾高呼万岁的忠臣义将纷纷在叛军的围攻中变节，但大唐仍有忠臣在坚守，那些被叛军残杀于沙场上的忠魂，还在等着故乡的亲人来为他们入殓，让他们安息。

于是在这一年，饱经战争蹂躏的恒州城里出现了一位寻找已殉国的恒州刺史颜杲卿之子——颜季明遗骨的人。在惨绝人寰的安史之乱中，颜氏三十几口人面对数倍于自己的叛军坚守至最后一刻，直到壮烈殉国也从未向安禄山投降，悲壮如斯，闻者动容。

杲卿、履谦比死，骂不虚口。颜氏一门死于刀锯者三十馀人。
——《资治通鉴·唐纪三十四》

寻找颜季明遗骨的人是受其叔父颜真卿的委托。在千辛万苦迎回侄子的遗骨后，悲从中来的颜真卿泪如雨下，字字泣血地写下了被后世号称"天下第二行书"的《祭侄文稿》。颜真卿含泪祭奠的是他壮烈殉国的侄子颜季明，他感佩于侄子的忠勇气节，也为家族中能有这样的人而自豪，同时他更表达了自己同样有"国难当头，杀身成仁"的勇气。

颜氏一脉，满门忠烈。被如今的人们熟知的冠以唐代著名书法家的颜真卿，在他写完《祭侄文稿》后的第二十七年，在他孤身前往叛军营中安抚时被叛军缢杀。

以七十五岁高龄壮烈殉国，有唐一代忠烈如此者，寥寥无几。时隔二十多年，颜真卿又为颜氏添了一缕忠魂。

一

见过盛唐气象的人们无一不为其惋惜，前半生沐浴过盛唐的荣光，后半生深陷在安史之乱的泥沼中，这应该也是唐人最不愿意接受的活法。因为曾短暂拥有过世间的最美好，所以在失去后才更让人痛彻心扉。遗憾的是，于唐开元二十二年（734年）入仕的颜真卿就是这样的人，同样，他也用最惨烈的方式完成了其对帝国最后的忠诚。

出生于琅琊颜氏的颜真卿，其实早在骨血里就刻上了忠君爱国的印记。作为复圣颜回的后人，饱读诗书的颜真卿从小便是以忠孝立身的典型士大夫形象。三岁丧父的他在母亲的谆谆教诲之下，展现出了异于常人的学习天赋，无论是词工还是书法都算得上是远近闻名。

唐朝的进士报录比很苛刻。曾有人考证，有唐一代二百八十九年，共开科举 268 次，录取进士总人数 7448 人，录取人数最多的一届也不过 56 人，最少的一届仅有 12 人。

不少青史留名的唐朝名士都曾在令人胆寒的进士录取率面前欲哭无泪，比如"文起八代之衰"的韩愈曾三战三败，直到第四次才勉强及第；写下"凭君莫话封侯事，一将功成万骨枯"的曹松，考到七十几岁才白发及第……所以能在唐朝一战而中进士，绝对称得上是人中龙凤。很显然，二十五岁就能一次登榜进士甲科的颜真卿就是这样的人。

从三岁丧父的幼儿到考取大唐的公务员编制，颜真卿的励志人生让多少人为之动容。而从踏入官场起，这位身体每一个细胞都浸染着儒家忠君爱国思想的年轻人，便注定了要干出一番事业，来回敬自己十数年的寒窗苦读。

颜真卿的才华毋庸置疑，所以短暂任职醴泉尉后又被升任为监察御史，代天子巡视河陇之间，风闻冤屈，秉公处置。

那已经是唐玄宗开元中期的光景了，大唐就像是一颗熟透的水果，虽然表面看上去仍然鲜美可口，但在那香气扑鼻的果香中已经隐隐然有了腐败的味道。地方冤狱时有发生，底层百姓苦不堪言，而颜真卿的出现则像是暴雨将至前划破沉沉雾霭的一道闪电，每到一处便让百姓振奋。

身为监察御史的颜真卿抵达五原城后，干净利落地处理了当地纠葛多年的冤假错案，而恰巧当时的天降甘露解决了五原久旱的问题，这让当地百姓深信是颜真卿处理冤案得当才换来的一场"御史雨"。

凡颜真卿到处，便有冤假错案被平反，便有贪官污吏被拿下。行至河东之时，朔方县令郑延祚不守孝道，母亲去世三十年都不曾落葬，而颜真卿一道弹劾便让郑延祚彻底丧失了大唐公职的资格，一时之间闻者骇然。

> 再迁监察御史，使河、陇。时五原有冤狱久不决，天且旱，真卿辨狱而雨，郡人呼"御史雨"。复使河东，劾奏朔方令郑延祚母死不葬三十年，有诏终身不齿，闻者耸然。
>
> ——《新唐书·颜真卿传》

如此行事，对于百姓来说固然是好，但在纷繁复杂的封建政坛上，如此锋芒毕露的行事作风，注定难以久留。身为本就让同僚们深恶痛绝的监察御史，颜真卿很快就招来了无妄之灾，但这也在阴差阳错之间，成全了颜真卿。

二

遗憾的是，颜真卿崭露头角的时候已经是开元盛世逐渐衰落的阶段，曾经杀伐决断、英明圣武的开元天子李隆基早已昏聩，他沉浸在女色的诱惑和奸臣的敷衍中无法自拔，一应政事都尽数交给了李林甫、杨国忠等人，放任奸臣酷吏横行霸道，朝野上下早已乌烟瘴气。

而爱说真话的颜真卿自然也无法被杨国忠所容。唐天宝十一载（752年），随着颜真卿公开为御史中丞宋浑叫屈，抓住机会的杨国忠直接将他逐出长安，亲手把颜真卿送到了成全他人生第一个高光的地方——平原城。

唐天宝十一载（752年）是个很微妙的时间点。早在五年前的天宝六载（747年），安禄山便开始以抵御外敌为名，筑造气势恢宏的雄武城，实则在城中藏了大量的军械和战马，甚至训练了一批所向披靡的雄武军。到天宝十载（751年）的时候，手握重兵、野心勃勃的安禄山更是一人身兼平卢节度使、范阳节度使、河东节度使等三镇节度使之职，换句话说，他已经有造反的资本了。

叛军来势汹汹，大唐军备废弛。

天宝十四载（755年）十一月，安禄山以忧国之危为名正式起兵，一路所向披靡，而"盛名之下，其实难副"的唐军则随之丢盔弃甲，整个河北地区几乎没能组织起什么像样的抵抗，以至于惊慌失措的唐玄宗无奈地说了一句："二十四郡，曾无一人义士邪！"

但很快，叛军遇到了他们在河北境内的第一个刺头——平原太守颜真卿。

安禄山很猛，颜真卿很刚。准确地说，颜真卿任职的太原城属于安禄山的辖区，作为最前线的城市之一的最高指挥官，颜真卿时刻都在关注着安禄山的一举一动。

安禄山要造反的迹象很多，所以在他还没有正式撕破脸之前，颜真卿已经开始着手加固城墙，疏浚河道，招募兵士，广积粮草。颜真卿厉害的地方在于，他的心理素质很高，白天继续嘻嘻哈哈跟宾客觥筹交错，到处游山玩水；晚上则殚精竭虑与幕僚制定战略，四处筹集军备，而小小的平原城也从最开始的三千常备军，增扩到一万多人。

山雨欲来风满楼，身经百战的安史叛军开始汹汹，顷刻间便兵临城下；而身为平原太守的颜真卿则在平原城西门外大犒三军，慷慨陈词，热泪盈眶地为即将赴死的将士们洒洒送行。

虽千万人吾往矣!

颜真卿的出现就像是一针强心剂,让心惊胆寒的大唐君臣终于稳住了连战连败的阵脚,河北境内的忠臣义士也开始组织起星火燎原的反击,一时之间安史叛军竟变得举步维艰。被吓得魂不附体的唐玄宗终于在雪花一样的战败急报里,听到了平原城的好消息,高高在上的他并不知道颜真卿是谁,只能尴尬地感慨一句:"我都不知道颜真卿是谁,居然能有如此作为!"

> 上始闻禄山反,河北郡县皆风靡,叹曰:"二十四郡,曾无一人义士邪!"及平至,大喜,曰:"朕不识颜真卿作何状,乃能如是!"
>
> ——《资治通鉴》

陛下记不记得自己不重要,能在乱世之中守住一方百姓,阻挡住来势汹汹的叛军,才是颜真卿眼前最重要的事情。

在河北乱局中挺身而出的颜真卿获得了所有人的认可,他不仅被河北十七郡的军民共同拥戴为盟主,还被请求全权代理军事要务,统御二十万兵力,横绝于燕赵之地。明明是文官出身,不懂兵事,颜真卿却在无人可以依仗的绝境里崛起,成为河北地方抗击安史叛军的主要势力。

> 十七郡同日自归,推真卿为盟主,兵二十万,绝燕、赵。
>
> ——《新唐书·颜真卿传》

三

颜真卿的忠诚天地可鉴。为了能尽快平定战事,他在听到平卢将领刘客奴准备在渔阳起兵,与安禄山势力决裂的消息时,甚至不惜将自己年仅十岁的儿子颜颇送去做人质,以此来坚定他的起义决心。从父母的角度想,颜真卿这样的做法无疑是残忍的,但站在家国大义面前,我们除了感慨颜真卿的忠烈,无法再对其做过多指责。

> 会平卢将刘正臣以渔阳归,真卿欲坚其意,遣贾载越海遗军资十余万,以子颇为质。颇甫十岁,军中固请留之,不从。
> ——《新唐书·颜真卿传》

而也正是因为有颜真卿这样的忠臣,不计个人得失,不顾个人安危,原本战无不胜、攻无不克的安史叛军终于停下了疯狂突进的步伐,陷入了僵持不下的胶着窘境。

天宝十五载(756年)是大唐因安史之祸而最为混乱的一年。这年六月,被短暂胜利冲昏头脑的李隆基,听信了杨国忠的谗言,催促扼守潼关的名将哥舒翰主动出击,被逼无奈的哥舒翰在明知有诈的情况下不得不率众出关,乃至全军覆没,潼关失守。

> 而帝入国忠之言,使使者趣战,项背相望也。翰窘不知所出。六月,引而东,恸哭出关,次灵宝西原,与乾祐战。
> ——《新唐书·哥舒翰传》

潼关失守,长安危矣。疯狂跑路的李隆基在马嵬坡之变中失去了爱人，又在避祸蜀地时听到了儿子李亨在灵武强行登基的消息，这位曾一手开创开元盛世的圣明天子彻底退出了历史的舞台，唐肃宗李亨的时代来临了。

不过这时候的李亨也很惨，如果不是颜真卿往来河北与灵武之间传送情报、传达诏书，又有李光弼、郭子仪等中兴名将率军投靠，李亨的处境还不如躲在蜀地的父亲李隆基呢！

而河北各郡在得知李亨即位后，一时人心振奋，平叛的形势瞬间变得明朗起来。不过，作为此次大难中始终忠贞不贰、时刻殚精竭虑的大功臣，颜真卿的仕途走得其实很艰难。

安史之乱前后持续了七年之久，但战争结束后的唐帝国却再也没能恢复盛唐气象，反而像是腐败的水果，从最开始的小斑点，到后来以一发不可收的速度迅速溃烂到发霉。安史之乱虽平，但安史之乱带来的藩镇割据和朝政乱局却自始至终都没能消除。

从初入仕时遇到李林甫、杨国忠这样的奸相起，坚持法礼、坚持直言上谏的颜真卿就注定了不会有好结局。

殉国时已经七十五岁的颜真卿，经历四朝的他虽然恩宠不断，但政治失意是平常之事，李林甫、杨国忠之后，大唐并没有迎来什么好宰相，尽是精于政治迫害、中饱私囊的奸佞小人。而颜真卿呢？则屡屡在这些小人的打压下，被各处调任和冷落。

因率百官上表向太上皇李隆基问安，而遭到权宦李辅国的记恨；因建议代宗李豫回京先拜宗庙陵墓，而被宰相元载深恶之；因直言上谏，不肯屈从，而被宰相杨炎及其继任者——卢杞厌烦……而到了七十五岁高龄之际，卢杞还用"借刀杀人"之计，将年迈的颜真卿推到了叛军的屠刀之下。

唐建中三年（782年），淮宁节度使李希烈勾结河北三镇节度使，举兵造反，而抓住机会的卢杞则提出先派德高望重的太子太师颜真卿前往许州劝降，后又派左龙武军大将军哥舒曜（哥舒翰之子）率军平叛。

> 上问计于卢杞，对曰："希烈年少骁将，恃功骄慢，将佐莫敢谏止。诚得儒雅重臣，奉宣圣泽，为陈逆顺祸福，希烈必革心悔过，可不劳军旅而服。颜真卿三朝旧臣，忠直刚决，名重海内，人所信服，真其人也！"上以为然。甲午，命真卿诣许州宣慰希烈。诏下，举朝失色。
>
> ——《资治通鉴·唐纪四十四》

如此操作，举朝哗然，因为谁都知道颜真卿此去凶多吉少。但纵然是有好友苦劝，早已苍髯皓首的颜真卿却仍然坦然接受，并毅然踏上了自己壮烈殉国的最后一程。

四

颜真卿留给历史最后的模样是什么样的呢？

是年近八十的他，面对李希烈千余名义子高声辱骂、拔刀威胁时，始终面不改色的胆色；

是年近八十的他，面对投降即可做宰相、不降当即坑杀的威胁时，高声怒骂奸臣逆贼的气节；

是年近八十的他，面对李希烈一次次的诱降时，欣然投身火海、慨然自焚的孤勇；

是年近八十的他，最后面对死亡时，诘问讥笑叛贼、全无惧色的忠烈……

史书上留下了这位老者掷地有声的话。

他说："吾年八十，知守节而死耳，岂受汝辈诱胁乎！"

他还说："死生已定，何必多端！亟以一剑相与，岂不快公心事邪！"

……

唐兴元元年八月初三（784年8月23日），为自己写好遗表、墓志、祭文的颜真卿在蔡州龙兴寺壮烈殉国，留给后世无尽的唏嘘感慨。

不要说安史之乱后再无盛唐气象，盛唐气象明明就氤氲在颜真卿这样的忠臣义士的铮铮铁骨里！

卷四 帝国暮年

李泌

他们都说我是大唐的陆地神仙

唐贞元三年（787年），来自回纥的千余人迎亲队伍千里迢迢、浩浩荡荡地抵达长安城，只为了替他们的可汗迎娶大唐帝国尊贵的公主。作为"贞元之盟"中最重要的环节，唐帝国和回纥时隔七年再度罢手言和，实属不易。

说起回纥与唐帝国之间的恩怨纠葛，其中的故事很多。唐肃宗李亨曾在危难之际借回纥骑兵平定安史之乱，但回纥在帮忙打叛军的同时，凡所过境无不烧杀抢掠，闹得民怨沸腾，就连富饶的两京之地都未能逃过回纥骑兵的肆意掠夺。

但真正让"贞元之盟"听起来像天方夜谭的，还是下面这件事：

那已经是唐宝应元年（762年）的旧事了。当时还是太子的李适前往陕州与回纥可汗会面，回纥可汗坚持认为自己与唐代宗为拜把兄弟，作为子侄辈的太子李适却不行晚辈该有的拜舞之礼，这是大不敬的罪过。

李适贵为帝国太子不能打骂，但陪同李适前去的两位随从却被活活鞭打致死。如此奇耻大辱，纵然已经隔了二十五年，贵为九五至尊的唐德宗李适仍然意难平。

可汗责适不拜舞，药子昂对以礼不当然。回纥将军车鼻曰："唐天子与可汗约为兄弟，可汗于雍王，叔父也，何得不拜舞？"

子昂曰："雍王，天子长子，今为元帅。安有中国储君向外国可汗拜舞乎！且两宫在殡，不应舞蹈。"力争久之，车鼻遂引子昂、魏琚、韦少华、李进各鞭一百，以适年少未谙事，遣归营。琚、少华一夕而死。

——《资治通鉴·唐纪三十八》

其实，李适很讨厌回纥，他讨厌回纥曾在自己的疆域里烧杀抢掠，更讨厌回纥对年少的自己所犯下的陕州之耻，让他答应用自己的宝贝女儿给回纥议亲，简直是痴人说梦。

但让人意味深长的地方就在这里，无论是出于公心，还是出于私心，有一万个理由拒绝贞元之盟这一提议的李适，终究还是为了一个人退让了。而能让贵为天下共主的皇帝生生咽下这口恶气的人，自然不普通，他正是贞元之盟的提议者——李泌。

准确地说，贞元之盟只是李泌对吐蕃战略布局中的一环而已。在李泌的设想里，要想绞杀吐蕃这一心腹大患，唐帝国一定要北和回纥、南通南诏、西联大食和天竺，这样非但能让吐蕃无暇东顾，还会让其陷入四面楚歌的绝境。

从后续的历史走向来看，也诚如李泌所设想的那样，虽然唐帝国未能与大食和天竺形成有效的联系，但光是搞定回纥与南诏就已经让吐蕃焦头烂额了。如今再提起李泌，几乎没有什么人记得他，但若是放在一千多年前的中唐时期，李泌绝对是万众敬仰的不世传奇。他是位列庙堂的白衣道人，也是算无遗策的影子宰辅，更是将功名利禄、荣华富贵都置之度外的红尘仙。

一

上到四代君王，下到王侯将相，无一不将李泌视为知己好友，有两个很恰当的例子就可以证明李泌的人脉有多广。

早在唐开元十六年（728年），年幼的李泌进宫面圣，唐玄宗李隆基正在和名相张说对弈，当看到粉雕玉琢的小李泌时，张说乐呵呵地给他出了道看图写作题——以棋盘为话题阐述"方圆动静"的道理。张说原以为自己出的题目太难，为了让李泌有话可说，张说举了一个例子：这是个方的棋盘，棋盘上的棋子都是圆的，落子的过程就是动，无子可落就是静。小李泌看了一眼张说，然后直接给出了充满哲学智慧的方圆动静版本：行侠仗义时，要刚正不阿、坚持原则；运用智慧时，要顺势而为、有进有退；发挥才能时，要淋漓尽致、尽善尽美；韬光养晦时，要不卑不亢、静如沉水。

> 泌既至，帝方与燕国公张说观弈，因使说试其能。说请赋"方圆动静"，泌逡巡曰："愿闻其略。"说因曰："方若棋局，圆若棋子，动若棋生，静若棋死。"泌即答曰："方若行义，圆若用智，动若骋材，静若得意。"说因贺帝得奇童。
>
> ——《新唐书》

张说讲的是围棋，李泌则立足围棋本身讲出了一番做人的道理，惊艳满座。如果是一般人，只怕早已被张说"棋生棋死"的话给绕进去了。可年幼的李泌却能从容应答，以至于见过大场面的名相张说也惊叹李泌为神童。有张说和李隆基这样的官方顶流为李泌点赞，这位小神童的名字也成功登上古代儿童必背经典——《三字经》上，那句"泌七岁，能赋棋"便是在说李泌。

寻常人轻易不得见的达官显贵基本都奉李泌为座上宾，其中更有被称为开元最后名相的张九龄。不过，李泌和张九龄并非师生关系，张九龄认为李泌是自己的小友，这位青史留名的帝国宰辅甘心和一个少年结为知己好友，足可知李泌其人如何了。

都说慧极必伤，情深不寿，但年少便如此得志的神童李泌身上并没有出现伤仲永的故事，恰恰相反，随着年岁越长，李泌变得越发沉稳善思。

世事沧海横流，盛世逐渐幻灭，这位本该在仕途上一路高歌猛进的年轻人，并没有走上传统读书人科举入仕的老路，反而抛却少年盛名，忘却荣华富贵，于山岳之间朝饮甘露暮宿林中，痴醉于寻找那超然物外的神仙长生之道。

大凡古代帝王在完成丰功伟业、完全掌控政权后，都想要去寻求那天人永生的终极奥秘。七岁便让李隆基印象深刻的李泌，自然也很快得到了李隆基的征召，于唐天宝十载（751年）重返长安，被赐予待诏翰林的资格，并在那一年里遇到了太子李亨。

二

李泌不慕名利，不求功名，所以一直都是以白衣身份生活在宫禁森严的皇城之中。而遇到李亨的时候，李泌依然是那个无官无品的一介布衣而已。

一个是高高在上的帝国储君，一个是身无功名的蝼蚁草民，无论怎么看这对组合都很违和，但贵为太子的李亨却将小自己十一岁的李泌视为师长般的人物。

李亨的太子之位坐得并不踏实，因为他有位足够聪明又醉心于平衡各方势力的父亲唐玄宗。不愿让太子党一家独大的李隆基，在有意无意之间纵容了李林甫和杨国忠等一众权宦对太子集团下黑手。

韦坚案和杜有邻案就是赤裸裸地针对太子李亨的政治迫害。

唐天宝五载（746年）正月十五夜，韦坚与河西节度使皇甫惟明一起喝酒赏月，被李林甫抓个正着，身为太子姻亲居然跟手握兵权的边将过从甚密，这直接成为李林甫攻击太子李亨有不臣之心的证据。

同样发生在这一年的还有杜有邻案，杜有邻因为没有处理好和女婿柳绩的关系，而被女婿直接诬告到有司衙门，诬告的罪名很大——"亡称图谶，交构东宫，指斥乘舆"。这十二个字的意思就是杜有邻对皇上不满，勾结太子一起图谋皇位。柳绩把家庭纠纷直接变成了谋逆大案，二度抓住机会的李林甫又开始了对李亨的围剿。

虽然这两个案件李亨最终都有惊无险地度过，但韦坚是李亨太子妃的兄弟，杜有邻是李亨姬妾的父亲，这两人的凄凉下场也给置身权力斗争中心的李亨带来了巨大的心理压力，毕竟身边的人被一个个干掉，于李亨而言无异于钝刀切肉般煎熬。

废杀太子在唐朝不是罕见之事，前有唐太宗李世民的玄武门之变，后有武则天的大肆屠杀宗亲，就连唐玄宗本人也有一天杀了三个儿子的记录，其中一个正是前任太子李瑛。

恐有杀身之祸的极端焦虑让李亨年纪轻轻就华发丛生，就在李亨诚惶诚恐的时候，李泌来到了他的身边。其实，李泌和李亨相处的时间并不长，因为很快他就因才华出众而被奸相杨国忠忌惮，从而离开长安。

但就是这样短暂的相处让李亨深深折服于李泌的风神玉秀和才思敏捷，只是那时的他还身不由己，只能眼睁睁地看着李泌遁入江湖却无能为力。

其实离开庙堂，重返江湖，对于李泌来说是得偿所愿。不是所有的人都爱慕名利，李泌有无数次位极人臣的机会，却也无数次选择了固辞，但如果我们就此怀疑李泌是个胸无家国大义、只知苟且偷生的消极主义者，那就大错特错了。

历史没有放任李泌这样的人中龙凤沉寂于山野，因为很快，那场彻底改变唐帝国历史走向的安史之乱爆发了。

千里赤地，战火燎原，烽烟四起，安史叛军的进攻速度之快超出了所有人的想象。惊慌失措之下，唐玄宗李隆基仓皇逃入蜀地。而策划了诛杀杨国忠、逼死杨贵妃的李亨别无他法，只能强行在灵武登基，登上了九五至尊的宝座。

不过，此时的李亨心里很慌，虽然有驻扎灵武的朔方军支持，但面对来势汹汹的安史叛军，李亨的内心仍然没有着落，于是他想到了一个人——那个已经远遁江湖数年的密友李泌。

军情十万火急，李亨却仍然分出精力，派人四处寻访李泌的踪迹。

也正是在这个时候，那个想方设法不愿涉政、不染凡尘的李泌却主动回来了……

> 肃宗即位灵武，物色求访，会泌亦自至。
> ——《新唐书·李泌传》

三

君臣还是数年前的君臣,但曾经万国来朝的开元盛世却早已烟消云散。

值此山河破碎之际,李亨无语凝噎,而作为他亦师亦友的知己,李泌一来就完成了他从隐士到"神级战略操盘手"的身份转变。

不过和从前一样,李泌依然不愿被功名利禄所累,他拒绝了所有官职,只是以皇帝客卿的身份陪在李亨身边,为绝望中的李亨出谋划策。

世间纷纷扰扰,为名为利所累,但明明身处尔虞我诈的权力中枢之中,李泌却像是纤尘不染的红尘仙一样,在云谲波诡的政治斗争中来去自如。

李亨从不直呼李泌名字,而是以先生代称,就连出行乘坐天子车驾也必定让李泌陪同,所以大唐百姓们每每看到天子车驾出游时,都会发现一个很有趣的现象,不少人都私下议论:"穿黄色衣服的是当今天子,穿白色衣服的是隐士高人。"

而一向对李泌推崇备至的李亨在听到这话以后,不顾李泌的反对,为其置办了象征尊贵地位的紫袍。有唐一代能得如此恩宠的寥寥无几。

> 上与泌出行军,军士指之,窃言曰:"衣黄者,圣人也。衣白者,山人也。"上闻之,以告泌,曰:"艰难之际,不敢相屈以官,且衣紫袍以绝群疑。"泌不得已,受之;服之,入谢。
>
> ——《资治通鉴·唐纪三十四》

李泌当然不会辜负李亨的厚恩，他留在帝王身旁规劝得失的同时，殚精竭虑于繁杂军务，为平定叛乱制定战略方针。

李泌的头脑永远清醒睿智，对于安史之乱的复杂局势也有着远超常人的判断力。他从一开始就知道无论是安禄山还是史思明，都不是胸怀大志的人，他们也只是恃强兵行强盗行径的乱军而已，绝没有征战天下、重塑政权的雄心。所以，李泌早在一千多年前就提出了大唐版的《论持久战》。

> 上问李泌曰："今敌强如此，何时可定？"对曰："臣观贼所获子女金帛，皆输之范阳，此岂有雄据四海之志邪！今独虏将或为之用，中国之人惟高尚等数人，自馀皆胁从耳。以臣料之，不过二年，天下无寇矣。"
>
> ——《资治通鉴·唐纪三十五》

稳扎稳打，戒骄戒躁，互为掎角，长久消耗。

从后面的战局演变来看，虽然因为李亨急功近利而让清匪行动不那么彻底，但大致仍然如李泌所设想的那样，安史叛军陷入了唐军的合围，沦入不断消耗的泥沼中。

以白衣之身在中枢操劳数年，史书上对于这段时间的李泌用了"权逾宰相"这四个字来形容，如此成就古往今来也没有几个人能做到。

李亨对李泌的恩宠已经到了无以复加的地步，他甚至曾在半夜睡不着觉的时候，喊来三位皇弟和李泌一起围炉夜话，为了迁就早已不食荤腥之物的李泌，李亨甚至亲自给李泌烤梨吃。当时备受隆恩的颍王李璬本想仗着皇恩要个烤梨吃吃，却被李亨断然拒绝："先生早已不吃荤腥,你又不是不吃酒肉,在这里凑什么热闹?"时隔千载,再看到这段史料,仍然让人觉得心头一暖。

> 又肃宗尝夜坐,召颍王等三弟同于地炉扇毯上食,以泌多绝粒,肃宗每为自烧二梨以赐泌。时颍王恃恩固求,肃宗不与。曰:"汝饱食肉,先生绝粒,何乃争此耶?"
>
> ——《邺侯别传》

但这时候的李泌,却不愿意继续在朝堂待下去,因为此刻的朝局正在逐渐趋于稳定,再加上有李辅国这样的权宦在朝中一手遮天,不愿沾染权力斗争的李泌在再三恳求之下,终于得以重返衡山修道,但如果你认为李泌可以就此逍遥一生的话,那就真的太小看他了。

李亨尚在东宫时,李泌便常伴其左右,并以"布衣之交"成就了这对君臣之谊。同样随着李亨驾崩,唐代宗李豫即位,他也牢牢记得当初自己尚在东宫时,李泌为了保他性命与李亨据理力争的壮举,所以即位后的唐代宗第一时间把李泌召回朝中。

为了留住李泌,李豫做了种种令人咋舌的举动:他强迫李泌吃肉,还让他娶妻生子,让这位超凡出尘的陆地神仙,变成了一个重返江湖的凡夫俗子。

> 初,泌无妻,不食肉,帝乃赐光福里第,强诏食肉,为娶朔方故留后李瞱甥,昏日,敕北军供帐。
>
> ——《新唐书·李泌传》

李豫给予的恩赐,让李泌不得不重新回到尔虞我诈的庙堂,但一个遗世独立的神仙人物注定是没法跟尔虞我诈的庙堂融洽的，因为选边站队的政治陋习让李泌不得不走向被孤立，甚至是被放逐的命运。于是很快，李泌便先后被时任宰相的元载和常衮排挤，又被外放杭州，并达成了一个如今已鲜有人知的伟大成就——他是第一个凿六井来进行西湖大开发的人。

直到数十年后的白居易调任杭州刺史时，仍然在他的《钱唐湖石记》中为李泌大大点赞：

> 其郭中六井，李泌相公典郡日所作，甚利于人，与湖相通，中有阴窦，往往堙塞，亦宜数察而通理之，则虽大旱而井水常足。

居庙堂之高则忧其民，处江湖之远则忧其君，无论是庙堂还是江湖，李泌都展现出了神级战略大师该有的风范，用最冷静的视角剖析出问题本质，然后以最准确的方式来解决问题本身，动荡不堪的中唐有如此人物，是李唐之福。

四

从唐玄宗李隆基到唐肃宗李亨，再到唐代宗李豫，每一任君王都将李泌视为心腹要臣，更让自己的东宫太子奉李泌为师，所言无有不从，而从后续的实际来看，但凡按照李泌所言去做的，也无一例外的是问题最优解。而等到李豫之子、唐德宗李适即位的时候，已入红尘的李泌终于还是在百般推托不掉的情况下，登上了文官之首——大唐宰辅之位。

人生最后的那几年，李泌可谓为朝廷操碎了心。

于宗室中事，他和当年在唐玄宗李隆基面前保太子李亨、在唐肃宗面前保太子李俶（即后来的唐代宗李豫）一样，在唐德宗李适听信谗言要废子立侄的时候，几乎豁出全族性命来保太子，让当事人李适父子到最后都泪流满面。

> 上曰："此朕家事，何豫于卿，而力争如此？"对曰："天子以四海为家。臣今独任宰相之重，四海之内，一物失所，责归于臣。况坐视太子冤横而不言，臣罪大矣！"
> ——《资治通鉴·唐纪四十九》

于朝廷中事，他一方面联合回纥、大食，说服唐德宗达成贞元之盟；另一方面积极举荐人才，平衡文臣武将之间的矛盾，让如马燧、李晟等一众名将都归于李唐麾下。虽然为相执政时间并不长，但其成就却可以与大唐任何一位名相相提并论。

唐贞元五年（789年），六十七岁的李泌溘然长逝。这位一生都在试图逃离庙堂，却被四代帝王推崇备至，当上宰辅的社稷重臣，直到生命最后一刻都未曾离开过中枢半步，有人将他的死说成了是了却凡尘、功德圆满。

但我想对他而言，于有生之年让国家趋于稳定，让百姓安居乐业，才是他最大的功德圆满。

薛涛

中唐最顶流的国民女神

唐元和四年（809年），春风得意的新任监察御史元稹奉命出使剑南东川，一路平反冤案，查缉贪腐，声名威震川蜀。作为大唐诗坛当之无愧的风流才子，元稹在繁忙的工作之余，想起了一个只闻其名未见其人的蜀中第一才女——薛涛。那时的元稹才三十岁，薛涛比他大十一岁，可两人身上同样恣意汪洋的才情让他们跨越年龄的差距，约定在梓州相会。

对于三十出头的元稹来说，薛涛只不过是自己巡视路上的一个过客而已，可慰藉自己的一路奔波、风尘碌碌；可对于四十出头的薛涛来说，从看到元稹的第一眼起，她便一发不可收地爱上了眼前人，即便明知两人没有未来，薛涛还是义无反顾地陷入了情网。

梓州相伴的那段日子是薛涛晦暗人生中难得的一段亮色，她把满心满眼的爱情与才情都毫无保留地倾泻到了元稹身上，她为元稹写下的那些诗句即便是隔着千载时光，读来仍然情丝缱绻。

川蜀的风土总是给人一种浪漫和无忧的逍遥情怀，沉浸在爱情中的薛涛一定没有想过，和元稹的离别会来得如此之快，短短几个月后，元稹就因为弹劾太过犀利，触怒权贵而被派去了东都洛阳。

于元稹而言，和薛涛的离别并不算难；可对于已经将身心都交给了元稹的薛涛来说，这场离别几乎要了她的半条性命。薛涛只知道元稹的俊美与才华，却不知道他惯常是个偷心大盗，写着最美的情诗，做着最渣的勾当。

就单单只说唐元和四年（809年）这一年，陪着元稹从寒微到富贵的结发妻子韦丛在当年七月病故，元稹甚至为妻子写下了"曾经沧海难为水，除却巫山不是云"的绝世情诗，让后世无数人为之动容，但这也并不妨碍元稹在川蜀期间和薛涛做了几个月的露水夫妻。

"曾经沧海难为水，除却巫山不是云"这句诗已经成为后人歌颂爱情的必背诗句之一，但甚少有人知道的是，这句诗的背后，是两个深情错付的女人。韦丛香消玉殒不可追也，但活在世上的薛涛却用余生去释怀这段感情……

一

在男人为主的封建时代，能获得话语权的女性寥寥无几，对于那些家境寒微或者家道中落的女子而言，世道则显得更加艰难。很不幸的是，薛涛就出生在了一个家道中落的底层官宦人家。

少年时的薛涛出生在长安城中，父亲薛勋虽然名不见经传，却为官清正且学识渊博。而作为薛勋唯一的女儿，薛涛从小便得到了父亲的尽心培养，尚为孩童时便已经是能出口成诗的小才女了。相传在她八九岁时，坐在院中纳凉的父亲一时有感而发，吟出两句诗来："庭除一古桐，耸干入云中。"而在一旁的薛涛头也不抬，也随口接了两句："枝迎南北鸟，叶送往来风。"

> 涛八九岁知声律,其父一日坐庭中,指井梧而示之曰:"庭除一古桐,耸干入云霄。"令涛续之。应声曰:"枝迎南北鸟,叶送往来风。"父愀然久之。

——《橘简赘笔》

薛涛在诗词上的天赋让父亲为之感慨,他坚信如果假以时日培养,薛涛一定会成为大唐诗坛上一颗闪耀的明星。事实上,薛涛最终确实成了赫赫有名的一代才女,但她在诗词上的成就都是在颠沛流离的苦难生活中自我修炼而成,她的父亲薛勋则早已撒手人寰。

薛勋是个讲原则的好官,所以在中唐的朝局中无法站稳脚跟,爱说真话的他很快就因为得罪权贵被贬往川蜀,最后又因水土不服骤然暴毙,只留下十几岁的女儿薛涛和母亲相依为命。父亲的猝然离世是薛涛家道中落的开始,已经不太平的世道让她不得不放弃良家的身份,入乐籍来谋求生计。

容颜出众的薛涛和一般的胭脂俗粉不一样,她是个"性辨惠,调翰墨"的妙人,对于诗书无所不通,举止之间透露出来的才情让当时无数读书人拜倒在她的石榴裙下。试问又有谁能拒绝一个美若天仙的才女呢?等闲读书人能与薛涛说上一句话,便如同跌入神仙梦境,乐不思蜀。

薛涛的美貌多才成了她在川蜀一带得以艳名远播的利器,短短几年时间,薛涛已经成了当时无数大唐人的梦中情人,能得薛涛玉面浅笑便已经足慰平生了。

作为川蜀的顶流名媛,沦为乐籍的薛涛其实过得并不算差,在唐才子们觥筹交错的筵席上,薛涛永远是那颗最耀眼的明珠,举手投足间的风情万种,让白居易、刘禹锡、武元衡、杜牧等无数才子为之折腰。

二

后来贵为宰相的武元衡曾写下一首模棱两可的小诗《赠道者》:

> 麻衣如雪一枝梅,笑掩微妆入梦来。若到越溪逢越女,红莲池里白莲开。

诗词大意是:有位身着白麻道袍的美妙道姑,带着浅浅微笑走进了武元衡的梦里。在"花痴"武元衡的想象里,若是这位美女道姑走进红衣越女群中去的话,真恰如一池红莲中绽放出了一朵白莲。

根据不严谨的考证,有人说武元衡这首小诗的描写对象正是薛涛,而作为武元衡的暧昧对象,薛涛似乎也暗戳戳回了一首名为《送友人》的小诗:

> 水国蒹葭夜有霜,月寒山色共苍苍。谁言千里自今夕,离梦杳如关塞长。

薛涛并没有说自己送的友人到底是谁,但她所用的"蒹葭""霜"等一众情意暖暖的字眼总让人有种说不清道不明的感觉,薛涛更是在诗中像个即将被抛弃的闺中小怨妇般感慨着"和友人的千里之别哪里是在今夜开始的,自此一别后连梦中相逢都如迢迢关塞般遥远"。千载岁月悠长,《赠道者》和《送友人》也变成了后世对于武元衡和薛涛这对绯闻知己感情的最好佐证。

与武元衡还能和薛涛吟诗唱和相比,爱而不得的白居易则酸溜溜地写了一首《赠薛涛》,来诉说自己的恼恨。

峨眉山势接云霓,欲逐刘郎此路迷。若似剑中容易到,春风犹隔武陵溪。

后世对于白居易这首诗的感情色彩的解读有不同的看法:有人说这是白居易在挖苦薛涛倒追自己的好友元稹,却最终白费苦心;也有人说这是白居易在暗戳戳表达自己没能得到薛涛倾心,所以才说出的怨怼之词。

相比白居易的醋意横生,薛涛就淡定得多,也许白居易在其他女人面前算是偶像,但对于满座都是惊鸿客的薛涛来说,白居易的分量似乎也不那么重了。

薛涛的一生未曾缺过男人,却也一生未曾真正被人爱过,在那个封建礼教森严的时代,如果官宦世家子弟敢公然娶一位乐籍女子,其带来的负面影响也是不容小觑的。所以,纵然前有武元衡、白居易、刘禹锡等当时名流倾心,后有王建、杜牧等一众才俊慕名,却自始至终都未曾有人真正将薛涛当作未来妻子来看待,所有的男人都只不过是将薛涛看作饮酒作乐时的调味剂罢了。

由爱故生怖,因爱而生忧。明知道那些跟自己缠绵的仕宦才子们各个都是负心人,但薛涛依然深深陷入情爱之中,无法自拔。可如果问薛涛这一生是否真的有人走进过心里的话,我想她会说出两个名字,即韦皋和元稹。

三

韦皋是个很了不起的人物，"追赠太师""谥号忠武""辍朝五日"，这几个标签都足以说明他在大唐历史上的崇高地位。自古英雄难过美人关，即便是韦皋这样一个几乎把"吐蕃彻底打废"的名将，也丝毫抵御不了薛涛的魅力。

韦皋在唐贞元元年（785年）被调去川蜀任剑南西川节度使，并由此认识了川蜀名媛薛涛。让韦皋对薛涛情根深种的契机，是薛涛在一次宴会中即兴写了一首《谒巫山庙》：

乱猿啼处访高唐，路入烟霞草木香。山色未能忘宋玉，水声犹是哭襄王。朝朝夜夜阳台下，为雨为云楚国亡。惆怅庙前多少柳，春来空斗画眉长。

《谒巫山庙》的造诣很高，几乎可以称得上是通篇用典，再加上用词典雅，对仗工整，让见过大世面的韦皋都忍不住拍案叫绝。韦皋很欣赏薛涛的才情，为了能让这位绝世才女时时陪在自己的身边，他甚至直接为薛涛安排了住所，每每有筵席时，便有薛涛在席上吟诗作赋，让堂上诸卿为之汗颜。

而更让韦皋欣喜的是，薛涛于案牍工作上颇有心得，对于日常公务繁忙的韦皋来说，工作之余能有这样一位红袖添香的红颜知己在身旁，实在是让人赏心悦目。

传闻中，韦皋甚至想要为薛涛向朝廷求一个秘书省校书郎的官职，只不过朝廷碍于"从未有此先例"，不愿给一介女流授予九品官职，这才导致大唐女校书这一史家美谈没有出现。

但纵然是如此，薛涛女校书的美名也传遍大江南北，她的迷弟王建就曾在《寄蜀中薛涛校书》一诗中盛赞：

> 万里桥边女校书，枇杷花里闭门居。扫眉才子知多少，管领春风总不如。

一句"扫眉才子知多少，管领春风总不如"写出了薛涛在大唐读书人心中的地位，这是位让同时代多少才子为之黯然语塞的女才子。

如果说韦皋是薛涛生命里的贵人，那元稹应该算得上是薛涛生命里的劫数。元稹就像是从长安吹来的风，让薛涛误以为春天到了而情难自禁地尽情绽放。但只不过是几个月的缠绵，意气风发的元稹又走了，只留下情根深种的薛涛还在川蜀深深思念。

情难自已的薛涛写下流传千古的《春望词》来缅怀那段和元稹跨越年龄的相爱。但生性风流的元稹在离开川蜀之后马上就移情别恋了，他依然在诗里说着对薛涛的深情，但他的心却已经转移到了别人的身上，属于薛涛的那一页早已经翻过去了。

从相爱到分手，元稹只用了几个月的时间，但已经四十一岁的薛涛却用了余生去忘却。

人生最后的那些年，最终勘破儿女情长的薛涛舍却了鲜衣，换上了素雅的道袍，也与前尘过往一刀两断，孑然一身地过完了自己的一生。

在她死后的第二年，西川节度使段文昌为其立碑，虽然生前无所依靠，但于身后，这缕香魂终究还是在史书之中得到了自己应有的位置。

郭昕

白首老兵,铁血陌刀

唐贞元六年（790年），在天竺羁旅多年的高僧悟空穿越千山万水，终于重返大唐故土，并得到了唐德宗李适的亲切接见。

高僧悟空随官方使团出巡西域的时候，已是唐天宝十载（751年）的旧事了，时隔四十年重回故国，大唐却早已物是人非。

去时的大唐正值烈火烹油的盛世，归时的大唐已经陷入藩镇割据的泥沼中难以自拔。不过还来不及感慨世事沧桑，高僧悟空便给大唐君臣带回了一个消息：因为吐蕃入侵而和大唐本土一直处于隔绝状态的安西四镇，依然牢牢地控制在以郭昕为首的大唐边将手中。

高僧悟空和郭昕等人的见面细节被唐朝僧人圆照详细地记录在了《悟空入竺记》中，而这也是有关史料中最后一次提及郭昕下落的明确记载。

陷入内忧外患中的大唐帝国其实早已无暇顾及遥远的西域正在发生什么，甚至连困守在那里的四镇军民也只能选择性地遗忘，但迢迢万里之外的安西四镇军民却依然苦苦坚守着，坚守着大唐帝国在西域最后的体面。

黄沙漫卷，旌旗飘扬，在帝国荣光照不到的西疆，有一群把青丝守成白发的士兵，他们提着锋如寒芒的陌刀像一座座永不褪色的丰碑屹立在孤城里，面对举国之力的吐蕃骑兵，战到了最后一刻。

一

郭昕在大唐正史中并没有单独列传，只是在他亲叔叔郭子仪的列传最后，有一段关于他的两百字人物传记。

作为再造大唐的功勋后人，郭昕虽然没有郭子仪这般名传千古，却也用自己的军旅生涯为郭氏一族续写了一段"铁血郡王"的传奇故事。

时隔千年，我为什么非要写一个没有单独传记，甚至名不见经传的人物呢？那是因为虽然在泱泱大唐近三百年的历史里，文臣武将不计其数，可论起壮烈程度，孤守安西四镇数十年的郭昕，是足可以与睢阳之围的张巡相提并论的。

唐上元元年（760年），"好女婿"吐蕃终于按捺不住内心对领土扩张的渴望，本着"趁你病要你命"的原则，对陇右、河西等丰饶土地发起了猛烈进攻，尚在安史之乱后遗症阵痛期的大唐帝国再度国土沦丧，元气大伤。

如今再提起安史之乱的时候，绝大多数人对此的印象也只不过是一个历史事件，或者更深刻一点儿按照历史教科书上的说法来说：安史之乱是大唐由盛转衰的标志。

但如果生在大唐，生命跨度刚好跨越盛唐、安史之乱、中唐的话，恐怕只会有神州陆沉的天塌之感。因为安史之乱的影响实在是太大了，几代不见兵戈的大唐百姓在安史叛军的铁蹄下瑟瑟发抖，包括长安和洛阳在内的两京尽数沦陷,连李隆基也吓得出逃川蜀。

而为了挡住肆虐的叛军,唐肃宗李亨不得不硬着头皮四处调兵,甚至还以"事成之后放任劫掠"为代价,叫来了外援回纥骑兵。

此消彼长,安史之乱是大唐帝国的至暗时刻,但却是其对手吐蕃的鼎盛时刻。就在大唐焦头烂额的时候,环伺西南的强敌吐蕃趁着大唐边防守军尽数被调去平乱的空当,快、准、狠地对大唐下了死手。

边塞烽烟起,城池尽沦陷。为了保住关陇富饶之地,在名将郭子仪的提议下,他的亲侄郭昕带着保住安西四镇的艰巨使命,踏上了茫茫黄沙的漫漫征途。

二

安西四镇指的是碎叶、龟兹、疏勒、于阗四座城池。作为大唐经略西北的重要门户,安西四镇在盛唐时代成了大唐帝国宣扬天威、威震西域诸国的利器。

但随着大唐帝国的内乱迭起、实力衰落,对包括安西四镇和北庭都护府在内的广大西北地区都无暇顾及,大唐的统治者们也只能选择性地遗忘了这耕耘数十年的国土。而作为安西四镇留后的郭昕,也被远在长安城里的统治阶级想当然地理解成了壮烈殉国。

毕竟此时的河陇地区已经完全被吐蕃控制,深陷吐蕃包围圈中的安西四镇又怎么可能没被攻陷呢?但庙堂之上的大唐君臣们都没有想到的是,安西四镇并未陷落,包括郭昕在内的众将士一直在死死坚守。

郭昕远赴安西的那一年,还是唐肃宗李亨在位的时候,但他去后没多久，安西与大唐本土之间的联系便因为吐蕃攻陷河陇广大土地后彻底断绝。但饶是如此，安西四镇的军民依然在孤城深陷的绝境之下，和数十倍于自己的吐蕃军队展开了长达十数年的对垒。

没有人知道安西四镇的那些大唐将士在没有母国支援的情况下，是如何撑住吐蕃一轮又一轮的进攻的；在无数个被人遗忘的日日夜夜里，这些已经没有归途的大唐将士又是如何在心里筑起那道坚固的信仰长城的。

一千多年后，安西故地出土了一件珍贵的文物——《杨三娘借钱契约》，这件文物最珍贵的地方不在其他，而在契约上面落款的时间有误——唐大历十六年（781年）。

大历是唐代宗李豫的年号，但这一年号随着李豫在大历十四年（779年）驾崩后旋即废止，所以并没有所谓的大历十六年（781年），写下《杨三娘借钱契约》的时间应该是唐建中二年（781年）。

结合当时的时代背景，我们会发现"大历十六年"这个错误是因为安西四镇军民与大唐本土隔绝十余年，完全处于封闭状态下出现的。

郭昕等人不知道此时的皇帝已经换成了唐德宗李适，他们唯有坚守，靠着矢志报国的信念死死守着这块大唐领土，即便此时安西四镇已经如同海上孤舟般行将倾覆，他们也做好了与城俱毁的准备。

三

唐建中二年（781年），长安城中出现了一位衣衫褴褛、满面尘土的使者，他就像是恍如隔世般看着眼前富丽堂皇的长安城，十数年的心酸苦楚被泪水裹挟夺眶而出。

这位使者正是郭昕派出的、历经千辛万苦、绕道回纥才被送回的，目的只有一个，就是告诉大唐，他们还在，安西四镇和北庭还在，大唐没有丢失那片浸染了无数军民鲜血的沃土。

唐德宗李适看着跪倒在自己面前的使者，一定也感慨良多，泪湿眼眶。因为这时候的大唐已经没有足够的国力再去经略遥远的西境，甚至在明知安西四镇和北庭没有丢的情况下，大唐也因为吐蕃早已攻占河陇等地而鞭长莫及。

> 二庭四镇，统任西夏五十七蕃、十姓部落，国朝以来，相奉率职。自关、陇失守，东西阻绝，忠义之徒，泣血相守……

这段记录在《旧唐书·唐德宗本纪》中的诏书充满了悲壮且无奈的色彩，"忠义之徒，泣血相守"这八个字是安西四镇军民的真实写照，而作为母国的大唐除了给出一些无法兑现的封赏之外，已经毫无办法。

但对于深陷吐蕃包围的郭昕等忠臣来说，这道嘉奖诏书是对他们这么多年坚守的最好认可，千辛万苦派使者回朝也并非为了加官晋爵，因为这些对于他们来说毫无意义。

将士们想要的，是遥远的母国还记得他们；记得在那个不见长安的遥远西北，有这样一群无名将士；记得在郭昕等忠臣良将的带领下，从唐肃宗上元末年开始，他们一直坚守到了唐德宗时代。

历史为包括郭昕在内的将士们留下的最后记录，便是高僧悟空曾在返京途中路过安西四镇，并在那里得到了郭昕等官员的亲切接见，而在此之后，安西四镇的相关记载便不再出现在史料记载里。

唐德宗贞元六年（790年），安西四镇之一的于阗陷落，其余三镇也在某个无法说清的时间里彻底并入吐蕃的版图。

安西四镇城破之时到底是什么景象，我们已经无从知晓。但如果结合当时已经困守四十余年的时代背景的话，我们几乎可以在脑海里勾勒出这样一个画面：

当嚣张的吐蕃骑兵踏碎城关、挺入安西四镇之时，他们看到的是仅存的一小部分大唐将士。这些困守四十年的将士们没有换防，没有退役，只有用四十年的时间将青丝熬成白发。

当吐蕃将士们看到和自己对垒数十年的敌人是这样一群人的时候，会作何感想呢？

是讥笑？是沉默？还是敬佩？

我无从得知，但我敢保证的是，那些白发老兵一定会用他们那干枯颤抖的手，再次握紧那象征大唐的铁血陌刀，然后面对旗帜鲜明、装备整齐、兵强马壮的吐蕃军阵，发起了最后一次冲锋……

"愿得此身长报国，何须生入玉门关。"

和郭昕同时代的大唐诗人戴叔伦，为这位孤守四十余年、最后消失在历史长河里的铁血郡王，献上了最贴切的挽联。

李德裕

什么叫最完美的君臣组合

唐会昌六年三月二十三日（846年4月22日），长期吃药的唐武宗李炎终于在而立之年成功把自己作死，皇帝宝座在太监集团的操作下，传给了李炎生前完全看不顺眼的叔叔李忱，也就是后来的唐宣宗。

唐武宗李炎和唐宣宗李忱算得上是晚唐历史上不错的两位皇帝，李炎有"会昌中兴"的政治遗产泽被后世，李忱也有"大中暂治"的治世让后人怀念。

明君盛世最离不开的便是治世能臣。当提到唐武宗一朝的时候，李德裕这个名字是怎么也绕不开的，甚至在坊间曾有"武宗与李德裕共治天下"的说法。

但作为武宗一朝最强的治世能臣，李德裕却未能继续在宣宗朝发挥他的价值，反而在李忱即位后迅速被打压，仅仅两年的时间，李德裕就从一人之下的当朝宰辅被连贬五次，直到变成微不足道的崖州司户参军（七品），最后更是病死于荒凉的崖州，一代名相就此殒命。

直到李德裕死后十年才被唐懿宗恢复名誉并追赠官职，但黄泉茫茫，死者早已无从知晓，这场追赠也只不过是做给活人看的政治戏码罢了。

千年的时光流淌而过，就连晚唐的故事也早已散落在历史的故纸堆中无人再提起，但唐武宗和李德裕这对君臣和谐的传奇佳话，依然在历史长河中熠熠生辉。

什么是最完美的君臣组合？李德裕和唐武宗李炎给出了他们的答案。

一

如今再提起李德裕的时候，绝大多数人都不甚了解，因为安史之乱以后的大唐不再有盛唐时期的胸襟气魄，这导致大多数人对于唐代历史的了解基本都停留在气吞山河的初唐时期和万邦来朝的盛唐时期。

李德裕所处的时代已经是帝国日暮的晚唐时期了，深受藩镇割据和权宦当朝两大病症困扰的大唐帝国就像是病入膏肓的老人，步履蹒跚，跌跌撞撞。

就是在这样内忧外患的大环境下，李德裕出生在了大唐的顶级官僚世家中，他的父亲是两度拜相、被封为赵国公的元和名相李吉甫，就连他的家族也是来自"七姓十家"之一的赵郡李氏。

这样的出身就算一辈子躺平也能富贵一生了，但李德裕却用他的人生告诉所有人：当官二代开始努力的时候，你们就没有机会逆袭了。

如果你身在大唐，想要入朝为官就必须要参加科举考试，不过这是普通人的方式，对于李德裕这样的功勋之后还有家族荫封这样的捷径可走，于是李德裕就直接越过了科举考试，以校书郎的身份开始了自己的宦海浮沉。

在唐宪宗元和年间成为大唐公务员是李德裕的幸运，也是李德裕的不幸。因为他那位能干的父亲李吉甫此时在朝中为一人之下，为了避嫌，也为了历练，李德裕很快便远离中央，而是在各藩镇之间从事幕府这样的文职。

少年时，他随父亲远赴荒州任职，看遍人间疾苦；青年时，他独自一人在各藩镇辗转，尝遍世间酸甜。如此特殊的经历让本就是人中龙凤的李德裕变得更加睿智多谋，虽然此时的他还没有执掌权柄，但对于这个帝国所面临的问题，他已经在心里有了自己的答案。

> 贞元中，以父谴逐蛮方，随侍左右，不求仕进。元和初，以父再秉国钧，避嫌不仕台省，累辟诸府从事。
>
> ——《旧唐书·李德裕传》

随着唐元和十四年（819年）河东节度使张弘靖卸任回朝，作为其大秘（掌书记）的李德裕也随之回朝赴任，以监察御史的身份开始了自己的中央任职之旅。

李德裕的才华丝毫不亚于他的父亲李吉甫，从某种意义上讲，李德裕前三十年的人生之所以迟迟难以被赏识，正是因为所有人都被他的父亲李吉甫的光芒遮蔽了双眼。当李德裕以自己的方式重回众人视线的时候，他的父亲李吉甫已经于五年前病逝，自此，李德裕的光芒再无人能阻挡。

二

唐宪宗的时代就是在元和十五年（820年）正月结束的，随后即位的唐穆宗李恒早在做东宫储君时就听说了李吉甫的大名，往者不可追矣，但李德裕这样的名臣之后还位列庙堂，所以刚即位不久的李恒就召见了李德裕，一番交谈之下便被李德裕的才华所折服，随后便开始了对他的重用。

李恒是个荒唐皇帝，但能为大唐后面的君王留下李德裕这样的人杰，算是他寥寥无几的功绩之一。

有李恒这样的领导，李德裕注定是没办法发光发热的。但李恒和一般的昏君不一样，他虽然醉生梦死、任人唯亲，却从来不会因为忠臣的劝谏而迁怒于人。相反，李恒是个很能听别人劝的皇帝，甚至会口头鼓励直言进谏的臣子们。

但需要特别强调的是，唐穆宗只能做到听，但是他做不到听进去，所以往往最终结果就是：某某臣子直言上谏唐穆宗不要让外戚干政、不要频繁宴饮……李恒表示赞同，但转头又继续着他大肆封赏外戚、不顾朝政四处游乐的荒唐生活。

而李德裕虽然没有因为秉公直谏被李恒怪罪，却依然在朝中受到了宰相李逢吉的排挤，最终黯然从中央辗转地方，而造成这一切的就是自元和年间便开始的"牛李党争"。

"牛李党争"指的是以李德裕、郑覃为代表的门荫出身的世家大族集团，和以牛僧孺、李宗闵为代表的寒门士子集团之间，因为政见立场不和，而发生的相互倾轧、相互龃龉的政治斗争。

作为李党先期的灵魂人物——李德裕之父李吉甫，便曾多次与牛党发生过激烈的政治冲突。其结果就是李逢吉在李吉甫生前不得不暂时俯首，而牛僧孺、李宗闵等人则更是直接被"斥退"，冷板凳一坐就是好多年。

> 僧孺、宗闵亦久之不调，随牒诸侯府。七年，吉甫卒，方入朝为监察御史，累迁礼部员外郎。
> ——《旧唐书·李宗闵传》

但唐穆宗时期的李吉甫已经人走茶凉，失去压制的李逢吉转眼之间就成了新的官场话事人，而当他成功执掌大权后，仇人之子的李德裕自然滚得越远越好，曾批评过仇人的牛僧孺、李宗闵也顺理成章地成了李逢吉的拉拢对象。

不过，李逢吉没有想到的是，他的刻意报复非但没有埋没李德裕的理想与才华，反而给了这位年轻人大展身手的机会，用史书上的原文来讲就是："德裕壮年得位，锐于布政，凡旧俗之害民者，悉革其弊。"

政治失意的李德裕并没有因为自己被逐出中央而自怨自艾，相反，他每到一处便改善弊政，但凡影响民生福祉的一应陈规陋习，李德裕都尽数废止。短短数年之间，他所任职地方风气焕然一新，令时人称赞。

最难得的是，虽然远离中央，但李德裕的目光始终没有离开中央。纵然山高水长，他依然尽力想让自己的逆耳忠言上达天听，以便尽可能减缓国家倾覆的颓势。因为此时远在千里之外的庙堂已经乱成了一锅粥——皇帝一茬一茬登基，一任赛一任不靠谱。

三

李恒在位仅仅四年便潦草收场，他的继任者唐敬宗李湛比李恒有过之而无不及，朝政军务一应交给宦官奸相把持，这使得本就摇摇欲坠的江山社稷更加雪上加霜。

更夸张的是，在位仅仅三年的李湛下场也很惨，虽然传闻中他的爷爷唐宪宗李纯也是在病危之际被宦官所害，但如李湛这样年纪轻轻就被宦官公然杀害的，有唐一代二十一位皇帝唯此一人而已。

> 上（唐敬宗）酒酣，入室更衣，殿上烛忽灭，苏佐明等弑上于室内。
>
> ——《资治通鉴·唐纪五十九》

> 宪宗之崩也，人皆言宦官陈弘志所为。
>
> ——《资治通鉴·唐纪六十一》

唐穆宗、唐敬宗、唐文宗、唐武宗……短短二十年间，大唐帝国便换了四任皇帝，而远在浙西做节度使的李德裕呢？他在唐文宗时代短暂得以回京，但那时正是牛党李宗闵和牛僧孺的执政高光时刻，两人联手，不仅是李德裕本人，所有和李德裕亲近的官员都尽数遭到贬谪和打压，牛党一时风光无两。

> 二怨相济，凡德裕所善，悉逐之。于是二人权震天下，党人牢不可破矣。
>
> ——《新唐书·李德裕传》

天下人都在为李德裕鸣不平，因为他是个难得的人才，却因为党争而不得不外放地方。但从李德裕每到一处便大兴教化的施政实绩来看，他从来没有怀疑过人生，更没有因为无妄之灾的贬谪而有过半点失意落寞。他就这么心甘情愿地在远离朝局的地方默默耕耘，却也在冥冥之中逃过了一场劫难——"甘露之变"。

唐文宗李昂刚登上历史舞台的时候，是个比较有想法、励精图治的皇帝，但随着甘露之变的失败，这位意气风发要改变现状的皇帝便沦为了太监集团的阶下囚，并在郁郁寡欢中仓促离世。

简单地说，发生在唐太和九年（835年）的甘露之变就是：二十六岁的唐文宗不甘心受制于太监，于是联合大臣李训、郑注等人，密谋将太监集团一网打尽，但由于执行人心理素质太低（冷汗直流被看出破绽），再加上埋伏水平太差（被太监头子仇士良发觉有异），直接导致文官群体反被太监一网打尽，最终被牵连诛杀了一千多人。

> 仇士良等至左仗视甘露，韩约变色流汗，士良怪之曰："将军何为如是？"俄风吹幕起，见执兵者甚众，又闻兵仗声。士良等惊骇走出，门者欲闭之，士良叱之，关不得上。
>
> ——《资治通鉴·唐纪六十一》

甘露之变失败的直接后果就是，李昂彻底沦为太监们的阶下囚，帝国宰相的职权也只剩下负责撰写文书，一切军国大事都是太监说了算。

而原本颇有抱负的李昂在一次和学士周墀的对话中，说了一段十分伤感的话。

李昂问周墀:"我能和历代哪位君王相比?"

周墀说:"陛下堪比尧舜这样的圣君。"

李昂说:"我哪里能比尧舜?我应该是周赧王、汉献帝这样的君王。"

周墀说:"那两位都是亡国之君,如何能比陛下?"

李昂泪如雨下:"周赧王和汉献帝都是受制于实力强大的诸侯,而我却受制于家奴,如此看来,我还不如他们这样的亡国之君。"

> 上疾少间,坐思政殿,召当直学士周墀,赐之酒,因问曰:"朕可方前代何主?"
>
> 对曰:"陛下尧、舜之主也。"
>
> 上曰:"朕岂敢比尧、舜!所以问卿者,何如周赧、汉献耳。"
>
> 墀惊曰:"彼亡国之主,岂可比圣德!"
>
> 上曰:"赧、献受制于强诸侯,今朕受制于家奴,以此言之,朕殆不如!"
>
> 因泣下沾襟,墀伏地流涕,自是不复视朝。
>
> ——《资治通鉴·唐纪六十二》

在这段充满无奈和心酸的交谈后,心如死灰的李昂便不再临朝,而他并没有撑太久,很快便撒手人寰。但即便是到了临死前,李昂也没有得到半点解脱,因为他眼睁睁地看着太监集团以矫诏拥立他的亲弟——李炎为皇太弟,自己亲立的太子却无缘皇位。

唐文宗的时代在无限的惆怅中悄然离去,而唐武宗的时代终于到来了。

四

唐武宗李炎算是大唐在经历那么多个不靠谱皇帝后,终于又迎来的一位好皇帝。在李炎即位当年,淮南节度使李德裕便奉诏回京,这对传奇的君臣组合开始了他们的大唐拯救计划。

提到君臣组合,很多人会说李世民和魏徵这对君臣传奇,但魏徵病故后,疑心魏徵的李世民有推倒其墓碑、废除魏徵之子与公主婚约的行为,所以李世民和魏徵的君臣组合颇有些"靡不有初,鲜克有终"的意味。

但终唐武宗一朝,李德裕从未遭受过唐武宗的疑心,会昌年间所有的政令背后其实都有李德裕的出谋划策:

果断对贪得无厌的回纥用兵,甚至还重新迎回了原本出嫁回纥的和亲公主;力排众议对不服中央任命的伪昭义节度使刘稹发起剿灭战,一战而定,天下震动(唐平刘稹泽潞之战)。这些被事后证明无比英明的决策其实都是李德裕一力主导的,而李炎则给予了李德裕绝对的信任,哪怕是其他人反对,他也坚信李德裕的做法是当下最好的选择。

《旧唐书·李德裕传》中有这样一段话:

> 首尾五年,其筹度机宜,选用将帅,军中书诏,奏请云合,起草指踪,皆独决于德裕,诸相无预焉。

李炎执政时间满打满算不过六年,有五年时间里李德裕总揽了对外用兵所有的政务,从先期筹备,到选贤任能,以及重大军情决策等一应工作都由李德裕一人决断，其他宰相丝毫没有发言权。

正是在李炎和李德裕这对无间君臣的完美合作下，大唐渐渐恢复生机，太监集团有所收敛，藩镇势力开始低头，一派欣欣向荣的会昌中兴盛状显露出来。

但事与愿违，痴迷服食丹药的李炎并没有实现他长生不老的梦想，反而身染重疾，最后直接在他执政的第六年骤然崩逝，年仅三十二岁。

年轻的帝王突然驾崩会引发一系列连锁反应，失去了英明君主压制的太监集团马不停蹄地将"痴傻"皇叔李忱扶上了皇帝宝座。

让人意外的是，这位皇叔非但一点儿也不傻，还有着比李炎毫不逊色的英明神武，太监集团想要独揽朝政的意图就此泡汤。

但李德裕并没有因为新一任英主的出现而续写辉煌，相反，李忱发自内心地讨厌李德裕。

李德裕骤然被贬的时候，天下震动，因为所有人都知道李德裕无错，再加上他曾在会昌年间立下的无上功勋，如此遭遇让天下人为之不平。李德裕是个难得的好官，但是没办法，李忱就是不喜欢李德裕。

> 德裕秉权日久，位重有功，众不谓其遽罢，闻之莫不惊骇。
> ——《资治通鉴·唐纪六十四》

李忱在正式亲政后，便迫不及待地对李德裕动起了手。

两年五贬，李德裕直接从百官之首被贬至微末小官，最后更是在唐大中三年（850年）客死崖州。

一代名相的故事以如此惨淡结局收场，实在让人唏嘘感慨。

李忱

从『傻子』到『小太宗』

唐会昌六年（846年）三月初，年仅三十二岁的唐武宗李炎因为长期服食丹药而暴发重疾，在他手上好不容易有了点起色的大唐帝国又转眼进入了风雨飘摇的至暗时刻。

满朝文武心情都很复杂，因为快死的李炎算是晚唐比较不错的皇帝了，而即将被太监集团拥立的李忱就不一样了，这可是位傻出了名的皇族成员。

按辈分讲，李忱是李炎的叔叔。如果不是因为他"傻名在外"，掌握实权的太监集团觉得此人很好拿捏的话，这九五至尊的宝座也轮不到李忱。

太监集团的成员们都很开心，因为李忱即位就意味着他们不仅有"拥立之功"，而且可以通过控制皇帝来独揽朝政；但文武百官看着"痴呆愚钝"的李忱，内心无一不在为大唐江山又将倾覆而感到悲哀。

然而，让所有人都惊掉下巴的戏剧性转变出现了。

唐会昌六年三月二十三日（846年4月22日），久病卧床的李炎终于熬到了油尽灯枯的地步，眼见条件已经成熟的太监集团连忙将准备好的皇太叔李忱推上了监国之位。

文武百官彼此都心照不宣，因为他们都知道李忱只是一个摆设而已，只要高坐在皇帝宝座上，接受群臣叩拜即可。

但等群臣真的见到那位"痴痴傻傻"的李忱时，所有人都不敢相信自己的眼睛。因为"痴痴傻傻"了三十几年的李忱此刻正面带悲伤地接见群臣，谈及国事朝政的时候逻辑清晰，对答如流，这哪里还是那个一言不发、反应迟钝的傻子，分明是个思维敏捷的正常人！

> 及监国之日，哀毁满容，接待群僚，决断庶务，人方见其隐德焉。
>
> ——《旧唐书·唐宣宗本纪》

这位被史书称为小太宗的晚唐明君，就这么以一个傻子的形象走上了皇帝宝座，并在随后的十多年时间里，给行将朽木的大唐带去了最后一抹明媚。

一

李忱的人生充满了妙不可言的意外，其中最值得人津津乐道的，莫过于他的出身和他的即位。

李忱的出身很低，因为他的母亲郑氏原本是镇海节度使李锜的妾室。曾有相师算出郑氏日后必生天子，这让本就不安分的李锜更加兴奋，直接选择了起兵造反这条路。

李锜造反事件的影响并不大，因为很快便被朝廷平息，而作为叛臣罪眷的郑氏则被送入宫中为婢，成了唐宪宗李纯贵妃郭氏（郭子仪的孙女）的侍女。

郑氏此后的境遇形象生动地诠释了一句话：平台很重要。如果她是被送到其他不受宠妃子的宫里，或者是被送到打扫浆洗等后勤部门的话，郑氏便一辈子只能作为叛臣罪眷来煎熬度日。

但偏偏郑氏伺候的人是宠冠六宫的郭贵妃，偏偏在某个早已无法说清的日子里，春心萌动的唐宪宗李纯临幸了郑氏，郑氏则很"争气"地生下了李忱，并实现了从叛臣罪眷到宪宗妃子的华丽逆袭。

拿到后宫编制的郑氏其实自始至终都是边缘人，毕竟这样的出身如何能与郭贵妃相比，甚至连郑氏生出来的儿子李忱都是个闷葫芦，即便身处喧闹人群中他也常常一言不发，任人捉弄。

在这里不得不插一段大唐皇位的继承关系说明。

唐宪宗李纯之后的五任皇帝，分别为唐穆宗李恒、唐敬宗李湛、唐文宗李昂、唐武宗李炎和唐宣宗李忱。

其中，李恒和李忱都是李纯的儿子，而李湛、李昂和李炎是兄弟关系，同时也是李纯的孙子。所以，大唐皇位在李纯之后的继承关系是：父亲传给儿子，三个儿子轮流传位，儿子最后又传给了叔叔。

李忱从一出生就很不受待见，李昂和李炎都曾以捉弄傻叔叔李忱为乐。李昂曾在宴饮时，看着傻叔叔一言不发而强行引诱他说话，借此捉弄作乐；而李炎就更过分了，他丝毫不将李忱作为长辈来看待，呼来喝去，与奴才无异。

但这对兄弟一定做梦也想不到，他们的皇位最终会传给这位曾被哥儿俩羞辱过的叔叔；在九泉之下的镇海节度使李锜也一定会很无语：原来郑氏能生天子是这么来的……

历大和、会昌朝，愈事韬晦，群巨游处，未尝有言。文宗、

> 武宗幸十六宅宴集，强诱其言，以为戏剧，谓之"光叔"。武宗气豪，尤不为礼。
>
> ——《旧唐书·唐宣宗本纪》

唐朝中后期的皇帝废立乃至驾崩的背后，其实都有太监集团的影子。比如，李纯是在太监俱文珍的拥戴下登基为帝，李恒是被太监梁守谦拥立为帝，李湛死于太监刘克明之手，李昂因甘露之变失败而被太监集团软禁至死……

因为这样血淋淋的例子就在眼前，所以谨小慎微的李忱隐忍了三十六年，不承想原本只是想自保的他，最终却这么阴差阳错地成了大唐的第十七位皇帝。

从事后诸葛亮的角度来看，如果不是李忱装得痴痴傻傻，如他这样有能力、有抱负，却没有任何背景倚仗的皇族子弟，只怕早已在某个宫廷政变中，或被皇族内讧击杀，或被太监集团处理掉了。

二

登基后的李忱所面对的局势很严峻，虽然他的侄子李炎搞出了会昌中兴，使原本暗无天日的大唐重新有了些许生机，但从唐玄宗李隆基开始萌芽壮大的太监势力，以及从唐宪宗李纯开始的牛李党争，甚至还有死灰复燃的藩镇割据问题，这些棘手的政治难题都考验着李忱的政治智慧，稍有不慎便将万劫不复。

毕竟，杀皇帝对于中后期的大唐来说，并不是稀罕事。但所有人显然都低估了李忱的政治智慧，在完全掌握政权之后，李忱便主动向庙堂之上的沉疴痼疾发起了快、准、狠的挑战。

第一是处理于自己有拥立之功的大太监马元贽的问题。

平心而论，如果没有马元贽的拥护，痴傻皇叔李忱一定与皇位无缘，最好的结局大概也只是靠着天家血脉的关系，一辈子混吃等死。但无论出于何种动机，马元贽费心费力地力排众议将李忱扶上皇位，这放在历朝历代都是毫无异议的首功。

李忱心里很明白马元贽的功劳，但李忱心里更明白的是，大唐多少皇帝是因为太监手握军权才惨遭不测的，所以李忱对于马元贽的态度就是"赏赐毫不吝啬，军权想都别想"。

除此以外，李忱还不允许朝中文武与内官群体过从甚密，宰相马植就因为与马元贽私交甚好，而被李忱直接罢免。马植罢相事件对于马元贽来说也是杀鸡儆猴的恐吓，这使得马元贽终其一生都未能在军权上再有寸进，而是活成了一个富贵优游的老功臣而已。

第二是牛李党争问题。牛李党争是以牛僧孺为首的官员群体和以李德裕为首的官员群体之间横跨六代帝王、纠缠四十年的政治斗争事件。在这四十年间，牛党与李党为谋求各自政治诉求而相互诋毁、相互排斥，让本就混乱不堪的朝局更加雪上加霜。

从唐宪宗李纯开始，到唐宣宗李忱为止，牛党和李党之间都处于此消彼长的循环态势。

比如，唐文宗李昂时期牛党领袖牛僧孺全面掌权，军国大事基本一言定之；而唐武宗李炎时期李党领袖李德裕完全得到李炎的支持，甚至可以用一个并不恰当的词汇来形容武宗时期的李德裕——乾纲独断。

其实无论是牛僧孺还是李德裕，都是晚唐不可多得的政治人才，但政见不同让这两人最终走到了势不两立的地步。牛李党争之激烈，让即便是高高在上的皇帝都非常头疼,唐文宗李昂甚至说出"和平定藩镇相比,让党争平息更难"的话。

> 时德裕、宗闵各有朋党,互相挤援。上患之,每叹曰:"去河北贼易,去朝中朋党难!"
> ——《资治通鉴·唐纪六十一》

但这看似死循环的党争难题,随着李忱的上位瞬间迎刃而解。作为继任者,李忱对于在朝中独揽大权的李德裕非常反感,他在即位当天下朝后对左右近臣吐槽:"刚刚离我这么近的人就是太尉李德裕吧,他每次看向我的时候,都让我觉得毛骨悚然。"

> 宣宗素恶李德裕之专,即位之日,德裕奉册。既罢,谓左右曰:"适近我者非太尉邪?每顾我,使我毛发洒淅。"
> ——《资治通鉴·唐纪六十四》

让领导有这样的初印象,李德裕的政治生命基本也已经走到了尽头。

果然没多久,位高权重又饱受猜忌的李德裕便被一贬再贬,最后客死崖州,所有李党的精英骨干也纷纷受到打压,在武宗时期风光一时的李党彻底消失在了大唐官场上。

而此时作为李党政治对手的牛党诸人也早已在唐武宗时期元气大伤,纵然李忱有意提拔牛党诸人,残留的牛党势力也只剩下苟延残喘的宿命,再难重现文宗时代的辉煌。

帝王权术在李忱的身上展现得淋漓尽致,无论是内官还是朝臣,面对李忱的时候都显得苍白无力，除了接受李忱安排好的路，他们别无选择。

三

和侄子李炎的"会昌中兴"一样，李忱也贡献了晚唐时代的一段中兴景象——"大中暂治"。正史对于李忱的评价很高，认为他是如唐太宗、汉文帝、汉景帝一样的帝王。北宋《册府元龟》中对于李忱的"大中暂治"有一段盖棺论定式的评价：

> 洎大中临御，一之日权豪敛迹；二之日奸臣畏法；三之日阉寺慑气。由是政刑不滥，贤能效用，百揆四岳，穆若清风，十馀年间颂声载路。

这样的高度评价并非谬赞，因为无论是整顿朝局，还是对外用兵，李忱都有着丝毫不逊色于任何一代明君的手腕，他从不因为宠幸而大肆封赏，也从不因为好恶而过多贬责，更以身作则地对身边亲眷近臣加以约束，一扫大唐自安史之乱以来的举步维艰。

李忱有着丝毫不逊色于李世民的同理心和自律力，身居至高无上的位置又能拥有这样的优点，这就足够让李忱傲然于历代君王行列中了。

在浩瀚的史料记载中，关于李忱的几件小事足可以窥见这位被称为小太宗的皇帝是怎样一个人：

第一，曾有朝廷的敕封使在经过地方驿站时，因为看到吃食不干净而发怒鞭打驿站官吏，李忱得知此事后将敕封使发配守陵，原因是"深山之中的食物本就难得"。

> 有敕使过硖石，怒饼黑，鞭驿吏见血。少逸封其饼以进。敕使还，上责之曰："深山中如此食岂易得！"谪配恭陵。
>
> ——《资治通鉴·唐纪六十五》

第二，有一位深得李忱喜爱的优伶名为祝汉贞，只是因为在逗乐过程中提及朝政而让沉迷其中的李忱瞬间惊醒，李忱说了一句："你只不过是我逗乐的优伶而已，怎么可以干预朝政？"从此祝汉贞便直接进了李忱的黑名单。

> 一日，在上前抵掌诙谐，颇及外事。上正色谓之曰："我畜养尔曹，正供戏笑耳，岂得辄预朝政邪！"自是疏之。
>
> ——《资治通鉴·唐纪六十五》

第三，李忱曾因为自己的亲女儿永福公主在吃饭时动怒折断筷子而直接取消了她的婚约，当有宰相问及缘由的时候，李忱说出了这样一段话："我这女儿跟我吃饭时尚且耍脾气折筷子，这样的脾气禀赋怎么能嫁给臣子为妻呢？"而更难得的是，事后的李忱虽然取消了婚约，却选择了另一位脾气好的女儿——广德公主下嫁臣子。

> 初，上欲以惊尚永福公主，既而中寝。宰相请其故，上曰："朕近与此女子会食，对朕辄折匕箸。性情如是，岂可为士大夫妻！"乃更命惊尚广德公主。
>
> ——《资治通鉴·唐纪六十五》

这样的皇帝古往今来，寥寥无几。

李忱在位共计十四年，在他的恩威并施之下，朝廷内部趋于稳定，基本没有出现可以威胁皇权的近臣或者藩镇势力，这比起在他之前的几位皇帝优秀得多。

而在外部问题上，李忱也斩获颇多，无论是"地开千里"的北方用兵，还是"克复河湟，拓边三千里"的河陇归地事件，都是足可以名扬青史的国之大事。

对于彼时的大唐来说，这样的丰硕胜果已经是难能可贵了，那些在无数次失败中逐渐失去的人心也因为李忱的出现而重新凝聚起来，朝野政风清明，黎民百姓安居乐业。

这也就是史书上说"时以大中之政有贞观之风焉"的原因。

四

不过，让人无语的是，时刻以李世民为学习榜样的李忱，他的死亡原因也与李世民保持了高度一致。李忱在执政后期也开始了对长生的渴望。

不过李忱服用的长生药显然是假冒伪劣产品，因为丹药非但没能让他长生，反而直接加速了他的死亡。仅仅三个多月的时间，这位励精图治、大业将成的一代明主便病入膏肓，毒发身亡。

而随着李忱的骤然崩逝，大唐帝国重整雄风的辉煌之路戛然中断，因为好皇帝李忱并没能给自己未竟的事业挑选一个合格的接班人，他的继任者唐懿宗李漼不仅未能守住老子的毕生心血，反而在好大喜功和骄奢淫逸中直接毁掉了大唐最后的曙光。

李忱驾崩后的第四十八年，在经历了两代昏君的疯狂折腾下，大唐终于在朱温的手中成为历史的一场旧梦。

　　不知唐昭宗李晔在用尽手段，仍回天乏术的时候，是否会想起那个并不遥远的祖父——唐宣宗李忱？只是不到五十年的光景，怎么转眼之间大唐就灭亡了呢？

　　唐昭宗李晔没有回答这个问题，如同丧家之犬的他在被迫前往洛阳时，望着夹道迎接的大唐子民泪如雨下，说出了那句标志着大唐气数已尽的话："勿呼万岁，朕不复为汝主矣！"

　　说完这句话的几个月后，在朱温的授意下，唐昭宗李晔便于深夜的禁宫中被残忍杀害。至于那个让无数人为之神往的大唐则早已在唐大中十三年（859年），随着李忱的咽气而沦入了历史的故纸堆中……

武元衡

一个在长安街头被刺客斩首的宰相

唐元和十年（815年）六月初三，长安城的夜色尚未完全褪去，拂晓报时的晨钟才刚刚敲响，大唐帝国的宰相武元衡从靖安里的宅邸出发去赶赴早朝。

作为大唐帝国的二把手，武元衡所面对的复杂朝局让他有种无力回天的宿命感，就在昨天，有感而发的他写了一首题为《夏夜作》的诗：

夜久喧暂息，池台惟月明。无因驻清景，日出事还生。

《夏夜作》不过短短二十个字，但字里行间透露出来的无能为力感却是武元衡所面临处境的真实写照：自安史之乱以来酿成的藩镇割据乱象，已经成了大唐帝国的绝症，而深得唐宪宗李纯支持的武元衡用尽全力想要改变现状，可越往深处走，他便越觉得无能为力。

不过，我想武元衡一定没有想到，这首《夏夜作》竟成了他的人生绝笔。因为就在诗成第二天的拂晓时分，在武元衡前往大明宫早朝的路上，隐藏暗处多时的刺客们配合默契地射灭仆从手中的灯笼,然后一拥而上将武元衡当场杀害,随后砍下首级扬长而去。

> 未几入朝,出靖安里第,夜漏未尽,贼乘暗呼曰:"灭烛!"射元衡中肩,复击其左股,徒御格斗不胜,皆骇走,遂害元衡,批颅骨持去。
>
> ——《新唐书·武元衡传》

大唐帝国皇城的中心地带,当朝宰相被当街刺杀并斩首,当这一闻所未闻的惨剧被传开时,举国哗然。因为几乎是在武元衡遇刺的同一时间,副相裴度也遭人刺杀,如果不是他侥幸跌入水沟被凶手误认为已死,那么宪宗一朝的两位宰相将在同一天殒落。

可面对这样一件旷古未闻的恶性事件,朝廷虽然表现出了极大的愤慨,但在抓刺客的行动上却显得十分力不从心。而更让人瞠目结舌的是,杀害武元衡的刺客居然嚣张到在金吾卫等皇城核心地带留下字条,上面赫然写着"毋急捕我,我先杀汝"这八个字。

> 贼遗纸于金吾及府、县,曰:"毋急捕我,我先杀汝。"故捕贼者不敢甚急。
>
> ——《资治通鉴·唐纪五十五》

金吾卫是什么地方?那是负责戍卫皇城,日夜巡逻,保护皇家及公卿安全的核心安全部门,但刺杀武元衡的刺客却敢说出"不要急着抓我,否则我先杀你"的嚣张言论。就是这样一句话,惊得满朝公卿不敢多言,唯一敢为武元衡之死发声的白居易也因此被贬去江州做司马。

其实，这一系列在后人看来匪夷所思的事情，放在当时似乎也并非不可理解，因为元和十年（815年）的大唐早已没有了贞观、开元的曾经风貌了。那些割据地方的节度使只差直接改元称帝，中央政府的政令已经失去了其效用。

绝大多数位列庙堂的文武百官或沉默不言，或希望中央与各藩镇节度使议和，唯有武元衡、裴度等少数派主张对不听诏令，与犯上作乱的藩镇节度使抗争到底。直到生命的最后一刻，武元衡都在为消灭藩镇割据而殚精竭虑，最终他也用生命激起了李纯跟藩镇决不妥协的血性。

所以，从某种程度上讲，李纯消灭藩镇的功劳簿上，字里行间都流淌着武元衡的热血。

一

自唐高宗李治以来，任何人在大唐辽阔的版图内提到武姓都会变得百感交集，因为古往今来只有武则天这一个女人，达成了九五至尊的无上成就。

武元衡出生的那一年，武则天已经去世了五十三年，曾煊赫一时的武氏嫡系基本都退出了大唐的权力中心。作为武则天的从曾孙，武元衡并没能享受到什么特权，而是和其他人一样认真读书，以科举入仕。

出生在曾经天潢贵胄的武氏是武元衡的不幸，这位带着武氏标签的年轻人需要比常人更努力才能既保住先祖的赫赫威名，同时又能在李氏皇族掌控一切的朝堂上站稳脚跟，这其中的度如何拿捏，是独属于武元衡的政治难题。对于这一政治难题,武元衡用了一辈子的时间,最终用自己的满腔碧血诠释了自己对李唐江山的耿耿忠心。

唐建中四年(783年),二十五岁的武元衡因为斐然文采和真知灼见而一次性通过了科举考试,并迅速在自己的岗位上发光发热,没多久便直接被提拔为华原县令。

不过此时的大唐政治格局并不适合武元衡这样怀揣赤子之心、想要真正为民做主的底层官员,因为连年征战和藩镇割据,中央政府的权威一落千丈,苛捐杂税导致民不聊生,手握大权的官僚们大多行欺民、贪墨的勾当。

所以,眼里揉不进沙子的武元衡很快就因为看不惯一些倚仗战功而为所欲为的将军欺压官吏、骚扰百姓而愤然托病辞官。因为武元衡不是一般的士子,他身上流淌的武氏血脉不允许自己如同泥鳅般混迹在这污泥一般的官场里蝇营狗苟,如果暂时还没有能力肃清朝野的话,不如归去。

> 时畿辅有镇军督将恃恩矜功者,多挠吏民。元衡苦之,乃称病去官。
>
> ——《旧唐书·武元衡传》

既然无法在官场施展抱负,不如将潦草一生赋予这宴饮声色之中,沉醉在觥筹交错和声色犬马之中的武元衡由此得以过上了一段相对惬意的生活。那段时间里,武元衡经常与各界名流饮酒和诗,他那本就不俗的诗才更是由此展现得淋漓尽致。

可这样的快活日子并没有过太久,很快贤名远播的武元衡便被唐德宗李适召见，在经过一番当廷奏对后，李适被武元衡渊博的学识和赤忱的忠心深深打动，随即将其破格晋升其为比部员外郎，而后更是在一年时间里连跳三级，成为手握实权的右司郎中。

然而即便如此，李适犹嫌不够，他曾在一次与武元衡延英殿奏对后，望着武元衡远去的背影，情难自禁地感慨了一句："武元衡真是宰相的材料！"

李适的知遇之恩对于武元衡来说，就像是久旱逢甘霖般被他铭刻在了骨子里，他也把自己对于李适的感恩化为了为官的动力。无论政局如何动荡，武元衡都像是个不偏不倚的执法天平，从不朋党，从不偏私，遗世独立于日渐混乱的庙堂之上，用自己的微薄之力替大唐护住眼前的光明。

当时间转到唐贞元二十一年（805年）正月的时候，好不容易才暂时稳住局面的大唐江山又陷入了稍有不慎便兵连祸结的尴尬境地……

二

对于贞元二十一年（805年）的李适来说，这个春节过得很艰难，因为此时的他已经缠绵病榻，虽然宗室外戚依然按照惯例在正月初一这天入宫拜见李适，但当李适得知太子李诵同样因为重病在身，无法前来觐见的时候，顿时长吁短叹，潸然泪下。

生命走到尽头的时候，却看到继承人同样重病难愈，李适的悲伤与绝望已经不言而喻，此后的他便一病不起，宫中与朝廷的一切联系被切断。皇帝和太子同时病重的消息让所有人都陷入了惶恐不安中，直到二十多天后，宫中传来了李适驾崩的消息，重病的太子李诵被匆匆扶上皇位，即后来的唐顺宗。

> 春，正月，辛未朔，诸王、亲戚入贺德宗，太子独以疾不能来，德宗涕泣悲叹，由是得疾，日益甚。凡二十余日，中外不通，莫知两宫安否。
>
> ——《资治通鉴·唐纪五十二》

按照一朝天子一朝臣的政治潜规则，武元衡作为唐德宗李适钦点的忠臣，自然而然便会被唐顺宗李诵一朝的新臣排挤。作为李诵的心腹——王叔文曾主动向武元衡伸出友谊的小手，但从来不愿涉及朋党的武元衡婉言拒绝，他还沉浸在先帝驾崩的悲痛中，却不知道自己已经被恼羞成怒的王叔文盯上了。

平心而论，王叔文是个比较正面的中唐政治家，但喜欢党同伐异的他对于所有不与自己为伍的官员，都不会给对方什么好果子吃。所以在李诵当政的这段时间里，武元衡的政治处境很糟糕，基本处于被边缘化的状态。

然而，王叔文的运气很不好，因为他所押宝的主子——唐顺宗李诵健康状况很糟糕，连上朝议事都难做到的他，又怎么可能给王叔文的政治生涯保驾护航呢？

可王叔文不仅没有意识到李诵的身体已经到了油尽灯枯的时候，还仗着李诵的百依百顺，推出了永贞革新的一揽子改革计划，企图同时对宦官专权和藩镇割据这两个老大难问题开刀，但其结果可想而知。

永贞革新的持续时间先后只有一百多天，被称为"二王八司马"的改革成员或死或贬，连李诵本人也在宦官俱文珍的胁迫下，于当年八月将皇位禅让给了太子李纯，即唐宪宗。

对于唐宪宗李纯来说，失去王叔文这样的人并不可惜，而因为不愿朋党而甘愿坐冷板凳的武元衡就显得十分难能可贵了，所以刚一上任的李纯迅速将武元衡重新召回权力中枢，并对其委以重任，朝中一应大小事务，唐宪宗都要征询武元衡的意见。

忠臣遇英主，故而不惜身。武元衡不愿辜负李纯的信任，对国家所面临的重大问题也从不回避，向来旗帜鲜明的他对其他人碰都不敢碰的藩镇割据问题直接亮出了刀剑。

李纯的即位程序其实是有瑕疵的，这是位被宦官扶持，用和逼宫无异的方式通过禅让才得到皇位的皇帝，对于这样即位的皇帝来说，全天下都在看着，尤其是那些大权在握的藩镇节度使，他们想看这位新主子有什么能耐，是不是一位很容易拿捏的木偶皇帝。

很快，镇海节度使李锜率先出招了！

在中央屡次三番召见李锜的情况下，李锜却接二连三借口身体有恙迟迟不动身，对于此时的李纯来说，这是个很尴尬的问题：因为如果就此作罢，李锜便成功给所有外藩节度使打了个样，不听诏令也完全没事；但如果大动干戈剿灭李锜，中央有没有足够的把握能打赢呢？

当困扰的李纯向武元衡和宰相郑絪征询意见时，老好人的郑絪主张任其自便，而一心要为国尽忠的武元衡则直接说到了李纯的心坎里去了："如果李锜入不入京召见全凭他自己心意的话，那天下人该如何看待陛下？陛下的威严何在？"

浙西李锜求入觐，既又称疾，欲赊其期。帝问宰相郑絪，絪请听之，元衡曰："不可，锜自请入朝，诏既许之，而复不至，是可否在锜。陛下新即位，天下属耳目，若奸臣得遂其私，则威令去矣。"

——《新唐书·武元衡传》

虽然图穷匕见的李锜最终造反失败，大唐中央政府的威严得到了一定程度的巩固，但武元衡这个名字也被各藩镇节度使深深记在了脑海里，任何一个有异心的节度使都知道，铁血宰相武元衡将成为他们最大的障碍……

三

武元衡并不在意自己是否已经成为各藩镇的眼中钉，因为他还有很多的事情要去做。唐元和二年（807年），救火队长武元衡被紧急派往蜀地，刚刚经过战乱蹂躏的川蜀亟待恢复生机，而武元衡仅仅只用了三年时间便重新让川蜀恢复了天府之国的风情。

治蜀的七年时间里，武元衡游刃有余地处理着当地复杂的政务，很快便让当地的少数民族心悦诚服，而工作之外的他也曾与名媛薛涛相互和诗，那数年间流传出来的桃色风月惹得如白居易等一众名流都艳羡不已。

唐元和八年（813年），功成身退的武元衡重返中央，作为宪宗朝的三位宰相之一，武元衡依旧保持着他初为官时的清正与公允，他不像另外两位宰相李吉甫、李绛那样纷争不断，多有不和，而始终将为官初心摆在第一位，从不附和，从不偏袒，这让李纯十分欣赏，在政务上渐渐倚重。

> 八年，召还秉政。李吉甫、李绛数争事帝前，不叶，元衡独持正无所违附，帝称其长者。
>
> ——《新唐书·武元衡传》

李纯不知道的是，自己的委以重任会在不久的将来害了这位国之重臣。唐元和九年（814年），淮西节度使吴少阳病故，身为儿子的吴元济秘不发丧，并要求李纯册封自己为新的淮西节度使。一心想要解决藩镇割据的李纯当然不可能放弃这次派自己人去掌控淮西的大好机会，便一口回绝了吴元济这一无理要求！

李纯很生气，吴元济更愤怒：既然朝廷想撕破脸，那我直接反了算了！

吴元济反，天下震动！在武元衡等强硬派的支持下，李纯迅速发起了对淮西节度使吴元济的平叛之战，作为主战派的灵魂人物——武元衡自然成了本次讨伐大业的全盘领导者。

藩镇之间也有千丝万缕的利益同盟关系，中央想用淮西节度使吴元济作为典型教材，震慑天下藩镇不臣之心；而部分与吴元济有共同利益的藩镇节度使则本着"唇亡齿寒"的原则，开始搞起了小动作，真正付出行动的，便是成德节度使王承宗和淄青节度使李师道。

王、李二人为吴元济求情的联名上书并没有换来李纯的让步，中央政府对于地方藩镇的态度之强硬也让王承宗与李师道有了危机感。于是，敢冒天下之大不韪的大老粗李师道想出了以行刺主战派来震慑中央的计划。

行军在即，先斩对方主将，这在两军对垒之时或许是个很好的办法。但李师道的政治头脑很简单，名义上依然尊奉李唐皇室为正朔的他，敢在首都大街公然行刺当朝宰相，这不会换来李纯的退却，只会激起举国的愤怒。

唐元和十年（815年）六月初三，宰相武元衡遇刺身亡，头颅被凶徒残忍割下；副相裴度遇刺重伤，命在旦夕。这一亘古未闻的刺杀事件成功激起了天下人苦藩镇久矣的血性，这一刻的大唐子民内心的愤怒都到达了极点！

于是，带着滔滔怒火的李纯继续以重伤不死的裴度为相，继续进行着武元衡生前未竟的平叛大业！

元和十二年（817年），淮西节度使吴元济被剿灭；元和十三年（818年），淄青节度使李师道被部下所杀；元和十四年（819年），宣武节度使韩弘入朝归正，至此自安史之乱以来爆发的藩镇割据乱局暂时告一段落，而这也成就了李纯前期英明圣武的贤名。

但不知道晚年昏聩的李纯是否还会想起那个为他血溅街头的宰相武元衡，是否还会想起那些年里他曾跟武元衡提起的壮志与抱负？

这对君臣就这样相对着一坐一站，堂上的天子微微前倾着身子，静静听着堂下的臣子慷慨陈词。

在这对君臣的规划里，那些分裂的藩镇会最终被彻底消灭，那些破碎的疆域会最终归于一统；大唐会重新回到贞观、开元时的盛状，天下归心，百姓安乐……

唐元和十五年（820年）正月二十七日夜，笃信仙丹的李纯被宦官陈弘志、王守澄暗杀，暴毙于大明宫中和殿内，享年四十二岁。

而随着李纯的突然暴毙，大唐彻底滑入宦官弄权的无间深渊，那原本已不成气候的藩镇势力也迅速如同燎原之火般，朝着千疮百孔的大唐疆域再度蔓延过去……

张议潮

星星之火可以燎原

唐大中五年（851年）二月，励精图治的唐宣宗李忱收到了来自天德军防御使周丕传来的前线快报，作为防卫回纥的主要力量，周丕传回的消息让满朝文武心头为之一紧。

同样内心忐忑的唐宣宗李忱在看完全部消息后发出了前所未有的畅笑，因为天德军发回的并非"边关狼烟四起"这样的坏消息。

恰恰相反，在大唐君臣完全不知情的情况下，一个名为张议潮的大唐旧民，于已经失陷吐蕃百余年的河湟故地揭竿而起，甚至还在完全没有帝国一兵一卒驰援的情况下，靠着起义百姓的力量，接连收复瓜州、沙州等十一座城池。

春，二月，壬戌，天德军奏摄沙州刺史张议潮遣使来降。

——《资治通鉴·唐纪六十五》

这是晚唐时期那片昏暗天空里的最后一抹残阳，张议潮收复旧地的伟大壮举也成了晚唐的最后一针强心剂，风雨飘摇的帝国上下都仿佛重新想起了两百年前的帝国荣光，那时的大唐兵强马壮，四海归服……

而这一切的改变，都因为那个叫张议潮的富家子弟。

一

不知道大家有没有发现，几乎所有的大唐诗人都有边塞情结，尤其在盛唐诗人的身上展现得淋漓尽致。在那个全民尚武的盛唐时期，哪怕是读书人都梦想冲到前线去，跟戍边将士一起喝风饮沙，真刀真枪地跟敌人大干一场。

如果让大唐全民公投并选出一个假想敌的话，我想吐蕃的得票率一定是最高的。作为大唐最强劲的对手，吐蕃一直是让大唐寝食难安的存在。

吐蕃只有在做大唐女婿的那几十年比较老实，大部分的时间则像是悬在大唐头上的达摩克利斯之剑，随时准备一剑斩下，要了大唐的命。

也并没有让吐蕃等太久，就在大唐百姓人人都沉浸在"数代不见兵戈"的盛世气象中时，最大的黑天鹅事件出现了：

唐天宝十四载（755年），安禄山携范阳、平卢、河东等三镇兵马悍然起兵，铁蹄踏碎了所有人的盛唐美梦，一时之间九州重燃烽火，帝国命运岌岌可危。

安史之乱是大唐的至暗时刻，也是吐蕃的最好时机。

随着唐肃宗李亨在灵武即位，将大量戍卫河西的精兵强将调往内地平定两京之乱，早已狼子野心多时的吐蕃乘势长驱直入，将包括陇右、河西在内的广袤土地尽数收入囊中。

在张议潮的传说出现以前,西北的传说属于大唐的铁血郡王郭昕。

在完全与中央隔绝的几十年里,安西四镇节度使郭昕和北庭都护府李元忠等爱国将领带领着一群老兵,在吐蕃数十倍兵力的围攻下死死坚守,直到唐建中二年(781年)才被千里之外的长安君臣知晓,一时之间举国震撼。

但郭昕的神话并没能有个圆满的结局,因为此时国力大衰的大唐已经无暇西顾,更不用说收复那些被吐蕃吃进肚子里的故土了,所以在早已无法说清的某个日子,一直坚守到最后的安西四镇终于沦陷敌手。

对于所有的唐人来说,河西、陇右这些地方都成了无法言说的痛。

唐文宗开成年间,曾有大唐使者奉命前往西域,看到曾经的城关如故,深陷吐蕃的百万大唐旧民在看到来自故国的使节后纷纷泪如雨下地夹道欢迎,这些人已经被强行并入吐蕃近百年,但依然问出了那句让使者为之泪崩的话:"陛下还记得我们这些深陷吐蕃的百姓吗?"

> 开成时,朝廷尝遣使至西域,见甘、凉、瓜、沙等州城邑如故,陷吐蕃之人见唐使者旌节,夹道迎呼涕泣曰:"皇帝犹念陷吐蕃生灵否?"
>
> ——《旧五代史·外国列传二》

百年变迁,乡音略改,衣冠未变,民心可用,正是在这样的大背景下,张议潮登场了。

二

张议潮不是走投无路的底层草根,他是出身河湟的豪族世家公子,生活过得算很滋润。

没有受过压迫的张议潮按理说并不懂底层人民的心酸苦楚,甚至有可能成为吐蕃鱼肉地方的代理人。但张议潮并没有成长为吐蕃的鹰犬,相反,他对吐蕃统治阶级的所作所为深恶痛绝。

久而久之,张议潮的脑海里开始酝酿一个计划,一个在当时看来十分疯狂且根本不可能实现的计划——回归大唐。

其实,出生在唐贞元十五年(799年)的张议潮从一出生开始,就是事实上的吐蕃人,因为此时的河湟地区早已沦陷于吐蕃近百年,大唐只不过是个存在于父辈口耳相传中的故国而已。

传闻中,那是个"九天阊阖开宫殿,万国衣冠拜冕旒"的伟大国度,物华天宝,人杰地灵……

正是在这样看似"虚无缥缈"的向往里,归唐心切的张议潮开始暗中联络势力、培植人手,积蓄力量,并耐心等待着一个合适的时间起义反击。

和张议潮一样,不少世家大族也都对吐蕃心存不满,当他们得知张议潮有起义之心的时候,所有人都心照不宣地隐瞒了这个秘密,甚至集家族之力暗中帮助张议潮招兵买马,一场大唐旧民针对吐蕃血腥统治的绝地反击即将拉开序幕。

唐会昌二年(842年),四十三岁的张议潮终于等来了起义的最佳时机。

这一年里,吐蕃赞普(吐蕃最高统治者)骤崩,没有找到合理继承人的吐蕃很快就因为立君不当而导致国内动荡。

流民四起，叛徒丛生，甚至连手握重兵的吐蕃将领们都开始了激烈火拼，这样的内战连年不绝，吐蕃实力江河日下。

正是在这样的大背景下，蛰伏良久的张议潮于唐大中二年（848年）出其不意地揭竿而起，响应者无数，一时之间形成燎原之势。

在吐蕃守军完全没搞清楚情况的混乱状态下，沙州就已经被成功收复。

> 大中二年，议潮乘隙率众攘甲噪州门，汉人皆助之，虏守者惊走，遂定沙州。
>
> ——《补唐书·张议潮传》

张议潮的成功，是对吐蕃百年来残忍统治的有力反击，其背后也有着无数当地豪族、英杰，甚至宗教势力的鼎力相助。

随着有着广大信徒基础的释门高僧洪辩的高调加入，整个河湟地区都沸腾起来，"回归大唐"这四个字不再是张议潮一个人的梦想，也成了当地百万唐民共同的目标。

沙州的成功光复给了张议潮前所未有的信心，他一面组织使者前往长安报信，一面继续屯田屯兵、招揽人才，操练兵马。

因为张议潮比任何人都清楚，沙州的成功固然让人欣喜，但这还远远不够，说到底沙州也只是一座孤城而已。

想要生存并迎接更大的胜利，张议潮必须继续打下去，打到所有的河湟故地都重回大唐。

三

张议潮在吐蕃的包围下浴血厮杀,他派去长安报信的十队使者也在历经两年的艰难跋涉后,只剩下一队使者穿过吐蕃的重重关隘,终于得以与天德军防御使周丕取得了联系,这才让长安的社稷君臣们了解了千里之外的沙州正在发生什么,千里之外的张议潮正在做着一件怎样让人震撼的事情。

大喜过望的唐宣宗李忱给了张议潮很多嘉奖与头衔,但这对于远在沙州的张议潮来说,毫无实质上的意义。

为了能巩固胜利成果,张议潮把目光投向了包括瓜州、伊州、西州等在内的广大故土。

唐大中四年(850年),吐蕃大将尚恐热率众劫掠河湟之地,包括鄯善、瓜州、伊州、西州等在内的广袤土地尸横遍野,血流成河。

揭竿而起的百姓给了张议潮极大助力,他带领着沙州屯兵迅速展开了对其余十州之地的攻势,本就尽失人心的吐蕃守军根本无法组织起有效的抵抗,仅仅一年的时间十一州土地尽皆光复。至此,沦陷吐蕃百年之久的河西走廊大部分地区正式回归大唐。

远在长安翘首以盼的李忱并没有等太久,因为在张议潮第一批使者抵达长安后的第二年,沿途吐蕃守军几乎被张议潮军剿灭殆尽,第二批使者由此得以很顺利地抵达长安。

第二批使者团的代表是张议潮的亲兄张议泽,他随身携带的最重要之物便是十一州的图籍。

图籍是个政治意味浓厚的礼物,张议潮是在用自己的实际行动告诉远在千里之外、根本无法对自己构成任何限制的母国:

我张议潮率领归义军收复失地,不是为了成为像安禄山这样拥兵自重的狼子野心之辈。相反，我是在为国收复失地，我不仅让我的亲哥去长安城里做人质，还把十一州图籍尽数交出，希望能够得到组织上的认可。

> 沙州刺史张议潮遣兄议泽以瓜、沙、伊、肃等十一州户口来献，自河、陇陷蕃百余年，至是悉复陇右故地。
>
> ——《旧唐书·唐宣宗本纪》

对于早已习惯"地方节度使必出幺蛾子"的大唐统治者们来说，突然出现这么一块白送过来的广袤土地，突然出现这么一位如此懂规矩的地方势力首领，唐宣宗的激动之情不言自明。

唐宣宗按照顶配标准给了张议潮一切应有的待遇，而成为归义军节度使的张议潮也没有就此止步，他把目光投向了雄踞西北的第一重镇——凉州。

凉州自古以来就有两个美誉："五凉京华""河西都会"。

这两个美誉也形象地诠释了凉州在西北边塞的重要经济地位，可以说河湟之地繁华无出其右。要想真正巩固这数年来的战果，凉州城成了张议潮新的目标。

吐蕃当然也知道凉州会成为归义军接下来的战略对象，所以也将大部军队驻扎于此，大战只在朝夕。

四

关于凉州之战的具体经过，已经无从考证，我们只能透过历史的沉沉雾霭，推断出张议潮花了三年左右的时间，从唐大中十二年

（858年）一直打到咸通二年（861年）才攻克了这座西北第一重镇。

至此，张议潮成了西北边陲实力最强的地方节度使，他费尽心血地夺回的故土直到五代十国时期，也依然牢牢掌握在大唐张氏的手中。

张议潮的结局很圆满，大唐没有辜负这位忠臣义士，随着唐咸通八年（867年）远在长安为质的兄长去世，早就想去长安却苦于无法从军务中脱身的张议潮终于得到了"赴长安为质"的机会，这在大唐中后期节度使们看来绝对无法接受的要求，在张议潮看来无异于天恩浩荡。

近七十岁的张议潮快速将一应军务尽数交给侄子张淮深，然后辞别河湟的长河落日，踏上了他的归途——长安。

数十年来的魂牵梦萦、数十年来的心向往之，当张议潮真正到达长安的时候，也惊叹于这世间竟有如此瑰丽繁华的城市；而当长安君臣真正看到张议潮的时候，所有人也再度被这位皓首老翁的壮举所折服。

张议潮得到了忠臣义士该有的礼遇，他人生最后的五年是在荣光和盛誉中度过的。但由张议潮一手创立并立下不朽功勋的归义军却在张淮深的手中短暂辉煌后，陷入了家族内部互相残杀：张淮深死于张议潮女婿索勋的手中，而索勋也在随后不久死于张氏亲眷的反杀……

由此，归义军这个名字逐渐成为一个毫无感情的历史符号，不再为后人提起。不过，不必问归义军的最后归宿到底如何，关于这支义军的所有回答，都在那呜咽的西北风沙里……

卷五

大唐挽歌

黄巢

我基本要了大唐的命

唐广明元年（880年）十二月，"诗圣"杜甫称之为"万古用一夫"的要塞潼关被势如破竹的农民起义军轻松攻破，刚被罢免的宰相卢携在绝望之际服毒自杀，大唐第十九位皇帝唐僖宗李儇也在权宦田令孜的护送下奔向川蜀之地。

和一百二十五年前因安史之乱而亡命奔逃到蜀中的唐玄宗李隆基一样，李儇逃命的速度也很快；但和李隆基不一样的是，多情的李隆基能用马嵬坡之变、赐死杨贵妃为自己挽回些颜面，但李儇的历史责任却只能自己担着。

其实，谁都知道大唐的灭亡全在于当权者自身，安史之乱的发生更无关杨贵妃，所以当李儇落荒而逃的时候，闻听此讯的诗人罗隐写了一首《帝幸蜀》来讥讽越发昏聩不堪的李唐皇室：

马嵬山色翠依依，又见銮舆幸蜀归。泉下阿蛮应有语，这回休更怨杨妃。

如果是在文字狱大行其道的大清，罗隐这首《帝幸蜀》足可以让他满门抄斩，因为他的嘴巴实在是太毒了，用短短二十八个字将李唐皇室的颜面尽数毁去。

李儇很无奈，因为他没有很值得一说的桃色故事。而李儇也只是个尊称大太监田令孜为"阿父"的孩子而已。不过最让李儇无奈的，是他面对的农民起义军是唐立国以来前所未有的一场民变，那位逼他不得不在川蜀避祸数年之久的农民起义军首领不是别人，正是历史上赫赫有名的黄巢。

黄巢起义粉碎了李唐最后的尊严，随着无数宗亲贵族、士绅豪族在这场摧枯拉朽的民变中被屠戮殆尽，曾经惊艳了世界的大唐帝国彻底湮没在了历史的滚滚洪流中……

一

在后世的野史传奇中，将黄巢塑造成了一个长相丑陋且满腹经纶的读书人，更有人杜撰其曾同时考上了文武双状元，却在面圣的时候因为长相丑陋而被废除功名，最终在万念俱灰之际走上了造反之路。

历史上真实的黄巢并不是文武双状元，准确地说，这位靠着卖私盐牟取暴利的年轻人自始至终都没能考编成功，没能成为大唐公务员的黄巢终于在一次次的失败中心灰意冷，这才响应王仙芝的起义，转而和大唐统治阶级彻底决裂。

黄巢不是一般的农民出身，这是位善于骑射，又有些才华的小资人士。按照宋朝文人张端义在《贵耳集》中的说法，黄巢五岁便借着咏菊而写出了"堪于百花为总首，自然天赐赫黄衣"的造反言论。

当时黄巢的父亲听到五岁的儿子说出了"赫黄衣"这三个字，

吓得脸惨白，毕竟在无法"穿搭自由"的封建社会，黄色只能是皇家的专业颜色。

而护犊子的爷爷让小黄巢再赋诗一首，黄巢再次语出惊人地写出了一篇让人眼前一亮，却又让人胆战心惊的反诗：

飒飒西风满院栽，蕊寒香冷蝶难来。他年我若为青帝，报与桃花一处开。

> 黄巢五岁侍翁，父为菊花连句，翁思索未至，巢随口应曰："堪于百花为总首，自然天赐赫黄衣。"巢父怪，欲击巢。乃翁曰："孙能诗，但未知轻重，可令再赋一篇。"巢应之曰："飒飒西风满院栽，蕊寒香冷蝶难来。他年我若为青帝，报与桃花一处开。"
>
> ——《贵耳集》

诗是好诗，但字里行间透露出来的威武让人不寒而栗。五岁尚且如此，长大以后还能得了？黄巢的家族生意不干净，私盐贩子这个身份在历朝历代都是朝廷的重点打击对象，所以黄巢如果想要成功洗白上岸的话，通过科举取得功名是他的不二选择。

很遗憾的是，黄巢确实在诗词上有些造诣，但会写诗不代表会考试，所以考了一年又一年的黄巢自始至终都未能取得半点功名，反而是在一次次的科考中将考试失利的愤懑转化成了对黑暗统治的不满……如果李儇知道黄巢会因为屡考不中而走上造反之路的话，他一定愿意白送一个功名给黄巢……

> 黄巢，曹州冤句人。世鬻盐，富于赀。善击剑骑射，稍通书记，

辩给，喜养亡命。

——《新唐书·黄巢传》

　　但总而言之，考编失败的私盐贩子黄巢在听到自己的同行王仙芝在长垣正式起义的消息后，也毫不犹豫地跟大唐分道扬镳，登上了唐末农民大起义的舞台。

　　对于此时的大唐来说，农民起义和军队哗变都不是什么新鲜事，安史之乱造成的后遗症让这一曾无敌于世界的帝国千疮百孔，到处都是无处安身、朝不保夕的流民。所以，当王仙芝、黄巢等人揭竿而起的时候，响应者无数，等醉心于深宫斗鸡的李儇反应过来的时候，王仙芝、黄巢的势力已经纵横江淮河汉之间，所向披靡，东都洛阳危如累卵。

　　李儇很尴尬，自己派去镇压的正规军一战即溃，沿路拼凑出来的农民军却势如破竹，仿佛转眼便可兵临长安城下。

　　打也打不过的时候，议和便成了不二之选。当我无法打败你的时候，我可以让你变成自己人……

二

　　王仙芝应该也想不到打着打着就收到了朝廷的招安令，没什么能耐的李儇显得很大度，不仅豁免了王仙芝造反的诛九族大罪，还给他封了"左神策军押牙兼监察御史"的官职，从难见天日的私盐贩子，到现在在职在编的大唐公务员，没什么斗争经验的王仙芝马上就动心了，但此时的黄巢却不干了……

　　同为起义军首领，相较于王仙芝收到了大唐公务员的录取通知书，自己被直接忽略了。恼羞成怒的黄巢立刻站在了道德的制高点上怒斥王仙芝："投降只有你被封官，让跟着我们出生入死的五千弟兄该何去何从？"

王仙芝如何不知道自己理亏，以至于他被黄巢一拳打到脸上的时候，也没敢反击。万般无奈之下，王仙芝不得不放弃了编制，他麾下的流民军队又开始了攻城略地的造反行动。

王仙芝和黄巢不一样的地方在于，王仙芝是个很容易动摇的农民起义军首领，他最终兵败身死，也是因为他听信了朝廷假意招安的谣言，导致麾下大将接连被诱杀。王仙芝恼羞成怒之际，昏着儿频出，被唐军围杀于黄梅，被枭首，霸业成空。

王仙芝死后，属于黄巢的时代来临了。王仙芝残部正式归附黄巢，自号"冲天大将军"的黄巢开启了给自己打工的职业生涯。

纵观黄巢一路攻城略地的表现，颇有些才华的他很懂得审时度势，运用地方节度使和中央朝廷之间的矛盾，再加上一些出其不意的计谋总能化险为夷。

唐广明元年（880年），饱受瘟疫侵害的起义军十死三四，再加上唐军大将张璘穷追不舍，无奈之下的黄巢用诈降的方式暂时换来了喘息的机会，而作为唐军主帅的名将高骈也因为担心其余将领前来分功，上书朝廷：黄巢之乱"不日当平，不烦诸道兵，请悉遣归"。

> 时昭义、感化、义武等军皆至淮南，骈恐分其功，乃奏贼不日当平，不烦诸道兵，请悉遣归，朝廷许之。贼诇知诸道兵已北渡淮，乃告绝于骈，且请战。骈怒，令璘击之，兵败，璘死，巢势复振。
>
> ——《资治通鉴·唐纪六十九》

信了高骈的各路官军尽数退回原处，而得知唐军已退的黄巢则迅速率军反扑，不仅一战而毙张璘，还彻底击溃了高骈的信心，此后的高骈不再是那个豪情万丈、不惜杀身报国的爱国名将，而是变成了只想守住地盘的"新军阀"。

> 骈以诸道兵已散，张璘复死，自度力不能制，畏怯不敢出兵，但命诸将严备，自保而已。
>
> ——《资治通鉴·唐纪六十九》

随着高骈彻底失去战斗意志，重整旗鼓的黄巢以心理战几乎兵不血刃地拿下了东都洛阳，一路秋毫无犯的起义军浩浩荡荡穿城而过，正式向着潼关要塞、向着帝都长安进发了。

一百多年前的安禄山叛军曾在潼关被名将哥舒翰阻截，如果不是李隆基没有听从哥舒翰固守的建议，安史之乱也许就不会如此流毒千里了；一百多年后的黄巢也成功来到了潼关面前，但此时的唐帝国比之百年前更加不堪一击，被赶鸭子上架奔赴潼关前线的神策军基本都是长安城的贵族豪门子弟，只懂得纸醉金迷、骄奢淫逸，对于"战争"二字闻所未闻，以至于当他们知道自己要上战场的时候，吓得泪如雨下。

> 然卫兵皆长安高赀，世籍两军，得禀赐，侈服怒马以诧权豪，初不知战，闻料选，皆哭于家，阴出赀雇贩区病坊以备行阵，不能持兵，观者寒毛以栗。
>
> ——《新唐书·黄巢传》

这样的军队，已经可想而知，"一夫当关万夫莫开"的潼关被轻而易举地攻陷，帝都长安迎来了其第四次沦陷，而黄巢也干脆直接在长安大明宫含元殿登基称帝，国号大齐，正式完成了一个起义军首领的最高人生理想——当皇帝。

但黄巢的帝王之路却越走越向末路……

三

公允地说，黄巢还是有些人生理想和职业抱负的，他登基称帝后颁布了一个很高明的政令：王官三品以上停，四品以下还之。

三品以上全部停职，四品及以下全部官复原职，各司其职。换言之，黄巢希望迅速恢复中央朝廷的运转，尽快建立起属于自己的统治基础，但他深知军中首领根本没有足够的能力撑起庞大的帝国官僚体系，所以他依然吸收了大量的大唐旧有官员，这是他的高明之处。

但是占据关中后的黄巢却不再有进一步的举动，而是志得意满地坐等天下归心。当时天下人虽仍然心怀大唐，但从关中到川蜀的道路艰险，避祸于此的唐僖宗很难发出有效政令来号召天下兵马勤王，所以分布各地的节度使们也基本处于按兵不动的状态静观其变。

但随着宰相郑畋的出现，大唐各路人马群龙无首的窘境迎刃而解。非常时刻用非常之法，郑畋以"道路艰虞，奏报梗涩"为由，拿到了唐僖宗"苟利宗社，任卿所行"的允诺，而后又获得了"墨敕除官"的特权。前者让郑畋有了随机应变的自由，后者更是给了郑畋可以代皇帝封官的权力，至此郑畋为自己集结诸路人马扫清了所有的程序性障碍。

> 畋对曰："臣心报国，死而后已，请陛下无东顾之忧。然道路艰虞，奏报梗涩，临机不能远禀圣旨，愿听臣便宜从事。"上曰："苟利宗社，任卿所行。"
>
> ——《旧唐书·郑畋传》

> 三月辛酉，以郑畋为京城四面诸军行营都统。赐畋诏："凡蕃、汉将士赴难有功者，并听以墨敕除官。"
>
> ——《资治通鉴·唐纪七十》

对于黄巢而言，唐军不是最大的威胁，麾下骁将朱温的背叛才是对他最大的背刺。朱温打仗很猛，所以当他归顺唐军时，黄巢所面对的压力陡然又增了数倍。

唐中和三年（883年），不得已退出长安的黄巢选择攻打陈州作为自己的大本营，而闻讯赶来的朱温、李克用等人马也如潮水般朝着陈州涌来。数百天的鏖战没有让黄巢如愿以偿，而来自一代战神李克用的沙陀骑兵却让黄巢损兵折将，陈州之战没能让黄巢重拾皇帝梦，却让他陷入了兵败身死的万丈深渊。

黄巢人生最后的归宿在狼虎谷，按照《新唐书》中的记载，这位挖坟掘墓、以人为食的大齐皇帝在穷途末路之时对外甥林言说："拿起我的头颅，换取你的富贵，不要让他人夺此富贵。"言讫便自刎而死，结束了他的激荡一生。

> 我欲讨国奸臣，洗涤朝廷，事成不退，亦误矣。若取吾首献天子，可得富贵，毋为他人利。
>
> ——《新唐书·黄巢传》

但黄巢没有想到的是，他的外甥林言也未能幸免，他那颗价值万金的头颅最终还是落在了太原博野军的手中。黄巢更没有想到的是，反叛归唐的部将朱温会真正实现自己"灭亡大唐，改元开国"的理想，而这又是属于朱温的传奇故事了。

四

黄巢的故事讲到此处本该无话可说，但《资治通鉴》中却记载了一段让人无限唏嘘的故事，那个故事无关黄巢本人，而是那些在乱世之中被抢掠，不得已成为黄巢姬妾的姑娘们。

唐中和四年（884年）七月，重返长安的李儇重新抖擞起他的天子威严，在大玄楼上以胜利者的姿态接受武宁军节度使时溥奉上的黄巢及其家人的头颅和委身于黄巢的姬妾们。

死者已经无法言语，十分得意的李儇以胜利者的姿态对黄巢的一众姬妾提出了一个自以为可以羞煞她们的问题："你们都是勋贵子女，世代深受皇恩，怎么能委身于黄巢这样的逆贼呢？"

史书上没有记下那位为首回答的女子的姓名，但隔着千载的历史悠悠，我依然为那位委身黄巢的无名女子的所言而深深震撼，那位姑娘是这样回答的："黄巢穷凶极恶，国家以百万之众尚且丢城失地，避祸巴蜀；如今陛下却来问我等弱女子为何不能拒贼？这是要置满朝公卿于何地？"

无名女子的话撕碎了当权者色厉内荏的伪装，无言以对的唐僖宗只得下令将这些姬妾当街斩首。乱世之中人如草芥，围观者看着这些赴死的女子无不动容，纷纷递上烈酒让她们趁醉赴死，以减少痛苦。那位当众驳斥李儇的无名女子则泰然自若地站在那里，不饮烈酒，不落眼泪，就这样慷慨赴死。

> 宣问姬妾："汝曹皆勋贵子女，世受国恩，何为从贼？"
> 其居首者对曰："狂贼凶逆，国家以百万之众，失守宗祧，播迁巴、蜀；今陛下以不能拒贼责一女子，置公卿将帅于何地乎！"
> 上不复问，皆戮之于市。人争与之酒，其馀皆悲怖昏醉，居首者独不饮不泣，至于就刑，神色肃然。
> ——《资治通鉴·唐纪七十二》

此时已经是唐中和四年（884年）了，距离朱温篡唐还有二十三年，但对于那些围观者来说，万邦来朝的大唐已经随着那位慨然赴死的无名女子一起，隐入那时间的滚滚洪流中去了……

韦庄

一个跳槽最成功的大唐基层公务员

唐天祐四年四月十八日（907年6月1日），靠着造反起家，并一步步洗白，最后更是直接成为大唐版曹操的朱温，终于按捺不住内心想要做皇帝的冲动，他撕下了所有的伪装，直接强迫被他一手扶持上位的唐哀帝李柷禅位，绵延二百八十九年的泱泱大唐就此化作烟云淡去。

朱温代唐建梁的行为意味着中国历史谱系进入了一个新的阶段——五代十国时期。原本统一的神州大地上开始如雨后春笋般冒出许多皇帝，他们彼此之间互为对立，都以歼灭对方势力、重现九州统一为己任。

作为第一个吃螃蟹的人，朱温建梁称帝其实只得到了一部分小势力的认可，对于真正有实力的地方军阀来说，承认朱温的正统地位无异于痴人说梦。在这些反对者中有朱温的一生之敌——李克用；还有同样想当皇帝，只是一时没找到理由的川蜀无冕之王——王建。

王建的人生很传奇，他的祖上一直都是有名的饼师，但王建显然没有继承祖上的做饼技术，从小就是泼皮无赖的他在过惯了偷鸡摸狗的生活后，直接从祖上世代经营的食品行业跳了出来，并选择了一个在当时很有前景的职业——当兵，最终在机缘巧合之下成了割据川蜀的蜀王。

此时，得知朱温称帝的王建假惺惺哭了三天，随后便在手下人的再三催促下，飞速地穿上了龙袍，成了前蜀的开国皇帝。

一个新王朝的诞生就意味着一大批开国功勋的出现。在就职典礼上，王建任命了一批高级经理人，其中被任命为开国宰相的，是已经年逾七旬的韦庄（散骑常侍，判中书门下事）。

作为一个考到快六十岁才通过大唐科举考试的读书人，韦庄人生百分之九十的时间都在考编。遇到王建以前，韦庄只是大唐最微不足道的一名基层公务员。但遇到王建以后，韦庄成了为前蜀制定开国章程的文官之首。

如果把话筒给韦庄，我想他一定会委屈地说："天地良心，最开始我只想做大唐的忠臣……"

一

韦庄用他的一生诠释了什么叫大器晚成，晚得实在有些离谱，活到七十多岁的他快到六十才考到了大唐公务员的编制。此后又宦海浮沉四五载，直到遇到了割据川蜀的军阀头子王建，并用人生最后的十年时间，成了前蜀的开国宰相。

如果回到唐开成元年（836年），当有人告诉韦庄的父母，这个刚刚出生的小朋友六十岁之前都考不到功名的话，韦庄的父母一定会把那人打出去，毕竟韦庄可是出身京兆韦氏的公子。虽然传到韦庄这一代时，京兆韦氏已经大不如从前风光，但好歹也是出过宰相的世家。

小韦庄就是在这样一个落魄世家里长大的,从小听到耳中的便是祖上曾有多人封侯拜相,在大唐帝国的峥嵘史诗里成为一个个无法被忽略的字符。

父母早亡,年少而孤,家道中落,这是韦庄拿到的人生剧本。

和一直清贫相比,家道中落的巨大落差更让人无法接受,前六十年名不见经传的韦庄到底是怎么熬过那漫漫人生路的呢?没有人知道。因为在那个已经战火四起的唐末乱局里,最符合韦庄这样的小透明的结局,也不过是在某场兵乱中成为殃及的池鱼,然后悄无声息地消失在世上。

可韦庄并没有如此草草收场,他凭借着自身的好学苦读,以及来自祖上荣光的激励,纵然穷困潦倒,他也从来都没有放弃读书这条路。其实在乱世做读书人是一种悲哀,因为可能千辛万苦跑到长安城去参加科举的时候,却发现朝廷已经被反贼打跑了。

韦庄相对来说幸运一点儿,虽然他在唐广明元年(880年)奔赴长安参加科举落榜,但却在随后爆发的黄巢之乱中侥幸死里逃生,非但幸免成为黄巢反贼的刀下鬼,还在目睹黄巢大军攻入长安城后惨绝人寰的人间惨剧后,写下了那首著名的《秦妇吟》:

家财既尽骨肉离,今日垂年一身苦。一身苦兮何足嗟,山中更有千万家,朝饥山上寻蓬子,夜宿霜中卧荻花!妾闻此老伤心语,竟日阑干泪如雨。出门惟见乱枭鸣,更欲东奔何处所?仍闻汴路舟车绝,又道彭门自相杀。野色徒销战士魂,河津半是冤人血。

《秦妇吟》是展现韦庄诗词造诣的一首代表作，他用一个逃难女子的口吻，写出了国破家亡之际的人伦惨剧。

诗中的秦妇不得已背井离乡、流离在外；诗外的韦庄也因为黄巢兵变而被裹挟在流民之中四处漂泊，连和他相依为命的弟妹也在兵乱中不幸遗失，举目都是血流成河，随处可见残肢断臂，那时候的韦庄心境如何已经不言而喻。

韦庄骨子里都是传承自祖上的忠君爱国，所以当举目无亲不知何往的时候，不愿沦落反贼势力范围的他和当年的小人物杜甫一样，开始奋不顾身地穿过战乱区，只为奔赴李儇的行在。

二

可以想象，身无分文的韦庄有多悲惨，出行基本靠走、手无缚鸡之力的他一定不止一次地在死生之间走过。

为了追随圣驾，韦庄足迹遍及南北，但每每都因为当地军阀混战的缘故而不得不改变初衷，转入他地。辗转蹉跎十余载，除了清贫和疾病以外，韦庄可以说是一无所有。

不过更让韦庄绝望的，是他在唐景福二年（893年）第二次参加科考时再度落榜，此时的他已经年近六旬，纵然考取功名其实于仕途上也无所寸进了。

大唐的公务员虽然没有明确的退休制度，但在那个平均寿命肯定不到六十岁的年代里，年近六旬的韦庄在外人看来，基本等于阎王近在眼前，他这一辈子大概也就是这样在困顿潦倒中死去了。

如果有机会穿越回景福二年，并告诉那时还在垂头丧气中的韦庄:"你要加油!因为你不仅能考上功名,而且将来还会做宰相呢!"

韦庄一定会觉得对面这个人不是疯子就是傻子,因为景福二年的自己怎么看都是个失败者无疑了。

作为韦庄知名度最高,同时也是另一篇代表作的《菩萨蛮》就很生动形象地传达了他的心声,充满不甘和落寞:

谁人不知江南好,只不过是自己劳碌半生却无有半点功名,羞于回到故乡;只不过是故乡饱受战乱蹂躏,早已人事两非,不忍再回故乡罢了……

穿越历史的浩浩汤汤,我依然十分真切地感受到了韦庄在这首《菩萨蛮》的字里行间都写着自己的不甘和落寞:

> 人人尽说江南好,游人只合江南老。春水碧于天,画船听雨眠。
>
> 垆边人似月,皓腕凝霜雪。未老莫还乡,还乡须断肠。

韦庄不是江南人,他只是以江南故人自比。当自身的不如意和对国家前途的担忧交融在一起的时候,用这首小清新词令作为伪装,韦庄迎来了自己内心的至暗时刻。

福兮祸所倚,祸兮福所伏。韦庄用接下来的人生境遇完美诠释了这句话:当最黑暗的时刻到来后,也就意味着否极泰来了。

三

唐乾宁元年(894年),韦庄终于考编成功,而此时距离朱温篡唐也只剩下短短十几年光景。

在帝国末期成为一名大唐基层公务员，是韦庄的幸也是不幸，因为他终于历经千辛万苦实现了自己的"上岸梦"，但遗憾的是，大唐留给他大展宏图的时间已经不多了。

就在韦庄"考编上岸"的第二年，盘踞两川之地的割据军阀们开始了激烈碰撞。西川最高话事人王建和东川节度使顾彦晖大打出手的消息传至长安，已经名存实亡的傀儡皇帝唐昭宗李晔派出使者奔赴前线劝和，而韦庄也因为在使节团中而机缘巧合地遇到了他的伯乐——王建。

唐乾宁三年（896年）的世道，是王建、朱全忠（也就是后来篡唐的朱温）、李茂贞等一众强势军阀的天下，李晔这位傀儡皇帝已经变成了一个摆设，军阀们对于朝廷的诏令往往但凭心情处置。

这一年发生了很多事：王建给了李晔一个薄面，暂时罢兵；李茂贞不满朝廷对自己提防之心，纵兵劫掠，将一众宫殿庙宇尽数付之一炬；手无寸兵的李晔在惊慌之下，不得不再次踏上了逃亡避祸之路……

对于韦庄来说，这一年最重要的事情大概就是遇到了王建。

那时的王建已经是威震一方的节度使，而韦庄还只不过是个名不见经传的随行判官，两人的地位云泥之别，但不知道何种原因，王建觉得韦庄是个人才，是个必须要拉拢到麾下的经天纬地之才。

韦庄并没有马上答应王建的邀约，毕竟骨子里忠君爱国的基因不允许他这样做，他曾不远千里、风尘仆仆地追随圣驾；他也皓首穷经，蹉跎数十年只为功名……放弃编制，放弃用大半生时间来建立并捍卫的纲常伦理，这对于传统士大夫出身的韦庄来说，并不是一件简单的事情。

但随着李唐皇室不断式微,荒唐事接二连三地发生后,韦庄的内心世界终于崩塌了。

唐光化三年(900年)十一月,唐末权宦刘季述发动政变,他将李晔及皇后幽禁内宫,并将锁钥堵死,饭食从门洞中传入,重兵把守,隔绝天日。

> 后以传国宝授季述,就帝辇,左右十馀人,入囚少阳院。季述液金以完镝,师虔以兵守。
> ——《新唐书·刘季述传》

而为了彰显自己的威势,刘季述开始了血腥屠戮,所有李晔宠幸的人都被残忍杀害,尸体在大白天被装在车上招摇过市,让人胆寒。

> 季述等皆先诛戮以立威,夜鞭笞,昼出尸十辈,凡有宠于帝,悉榜杀之。
> ——《新唐书·刘季述传》

正是在这样的信仰崩塌下,韦庄最终选择了留在川蜀,留在王建的身边。

王建给予了韦庄绝对的信任,对于韦庄的每一个谏言都悉心接受:从劝阻王建和其他军阀发生冲突,到规劝王建休养生息以待天时,再到后来对王建劝进,最后为前蜀制定一系列开国制度和政策……

真正为王建所用的时候也已经六十多岁了,但韦庄依然用自己人生最后的十年,替王建的鸿图霸业规避了不少重大方向性问题,也为前蜀这一诞生于乱世灭亡于乱世的短暂帝国设计了一系列制度和政令。

莫道桑榆晚，为霞尚满天。连韦庄自己也一定没有想到，他的人生最后十年会是他一生最绚烂的十年。数十载苦雨凄风走过，这位苍髯老者在退出历史舞台前迎来了自己的黄金十年。

前蜀武成三年（910年），七十多岁的韦庄像是烟花般极尽绚烂绽放后悄然谢幕，这位跳槽最成功的大唐基层公务员，死在了大唐灭亡后的第三年，也给唐末那段黯淡的历史时期添上了些许励志又传奇的色彩……

朱温

就是我要了大唐的命

后梁太祖乾化二年（912年）六月，刚刚才建立五年的后梁帝国已经完全被笼罩在恐怖的政治氛围里。对外，后梁军队在与李存勖的攻伐对战中节节败退；对内，不少功臣宿将都被先贬后杀。而比这更让后梁太祖朱温忧心忡忡的，是他每况愈下的身体，但帝国接班人选却迟迟难以决断：亲生儿子们各个都不争气，唯一能让朱温看得上眼的，也只剩下养子朱友文。

养子即位对于朱温的亲生儿子们来说是绝对无法接受的，其中反应最激烈的就是二儿子朱友珪。

朱友珪很生气，虽然自己什么能耐都没有，但并不妨碍他对皇帝宝座有着无尽的贪婪与渴望，于是在历朝历代几乎都无一幸免会上演的皇室喋血事件爆发了。

二十二日深夜，朱友珪带着一众亲兵突入朱温寝宫。这对父子也在史书上留下了他们最后的对话。

朱温："是谁造反？"

朱友珪："不是别人，是我！"

朱温："你竟敢杀父夺位！老天爷也不会放过你的！"

朱友珪:"将老贼碎尸万段!"

> 帝惊起,问:"反者为谁?"友珪曰:"非他人也。"帝曰:"我固疑此贼,恨不早杀之。汝悖逆如此,天地岂容汝乎!"友珪曰:"老贼万段!"友珪仆夫冯廷谔刺帝腹,刃出于背。
>
> ——《梁书·朱温本纪》

回看朱温的人生履历,我们会被其传奇的经历所惊叹。

这位造反出身的土匪头子,靠着杀曾经的友军,一路加官晋爵,成为唐末乱世最有实力的军阀之一,接着又成为大唐版曹操,并最终超越曹操弑帝自立,成为五代十国时期的第一位帝王。

纵然大梁因继承人问题导致国祚短暂,但朱温这个名字却历经千年岁月仍然被人所铭记。

"就是我要了大唐的命!"朱温那嚣张的话,如惊雷般在历史长廊中久久回荡……

一

任何一个王朝在黯然退场的时候,总是带着无尽的萧条与落寞,强如大唐也不例外。作为大唐帝国实际上的最后一位帝王——唐昭宗李晔的一生都在努力替前任们收拾残局,又累又心酸的他在执政初期带着所有人的认可,准备大刀阔斧地改革,但随着中央实力不断衰弱,地方军阀实力不断壮大,李晔很快就把路走死了。

藩镇割据是安史之乱后历任唐朝皇帝都需要面对的历史性难题,但唐僖宗李儇上台以后,这一重大难题已经随着历史进程的不断推进，渐渐不为人提起，因为大唐帝国的末年出现了另一个更加棘手、更加具有破坏性的问题——黄巢起义。

作为唐末民变中战斗力最强的起义势力，黄巢几乎横扫了半个大唐帝国，而作为其麾下的悍将——朱温也是在这个时候登上历史舞台的。

其实从家庭来看，朱温实在不该走上造反这条路，虽然家境并不优渥，但他的父辈都是当地有名的学究，不仅温饱不愁，而且还受到当地人的敬重。

可从小在儒气熏陶中长大的朱温，偏偏活成了无恶不作的地痞流氓，当地人提到朱家长辈时各个竖起大拇指，提到朱三则各个把头摇成了拨浪鼓。

但旁人的评价对于朱温来说又算得了什么呢？这位从小就不事农桑的问题儿童终于不负众望地成长为专爱聚啸山林的恶人。

乾符年间的大唐已经基本具备了王朝灭亡的全部征兆：地方军阀割据纷争不断，天灾人祸引发民变不休，李儇纸醉金迷，文武百官尸位素餐……当一系列的致乱因子叠加到一块儿的时候，那个实质上终结了大唐国祚的人——黄巢出现了。

黄巢的成功给了朱温很大的心灵震撼，在老家小动作不断的他终于按捺不住内心的躁动，于唐乾符四年（877年）带着哥哥朱存踏上了造反之路，但那时的他应该不会想到，大唐最终是被他亲手终结的；他应该更没有想到的是，当初那个被乡里深恶痛绝的朱三会有一天黄袍加身成为九五至尊！

乱世中最不值钱的就是人命，绝大多数踏上起兵造反之路的流民基本都会成为时代的尘埃，以一个无名无姓大头兵的身份死在沙场上，朱温的哥哥朱存便是很好的例子，但多少有点好运在身上的朱温却侥幸在刀光剑影里活了下来，并靠着自己的出色表现成了黄巢麾下的得力悍将。

从社会渣滓到造反头子，朱温仅仅花了四年的时间，作战英勇的他一路攻城拔寨，不仅得到了黄巢的接见，而且正式成为手握重兵的关键人物。换句话来说，此时的朱温投靠谁，谁就将在这乱世中获得极大的倚仗。

朱温和黄巢一样，都是先作为农民起义军首领登上历史舞台，然后建立短暂帝国的伪皇帝，这两人在历史上都声名狼藉，无论是民间还是正史，对于两人的口诛笔伐从未停止过。

但朱温和黄巢不一样的地方在于，黄巢是坚定不移的造反派，他曾因老大哥王仙芝准备向唐政府妥协而直接给了对方一耳光，就算是曾短暂投降唐政府也只是虚与委蛇，谋求再战之力。但朱温是个实用主义者，只要对他有利，唐政府也好，黄巢也好，跟着谁都是干，无所谓。

于是，在中和二年（882年），黄巢座下的得力悍将朱温突然接受招安，摇身一变成了名副其实的大唐公务员。

二

朱温变节，其实是黄巢集团高级将领们之间政治斗争的使然。

当时被委以重任的朱温刚刚攻下重镇同州，但紧邻同州的是正厉兵秣马、虎视眈眈准备收复同州的河中节度使王重荣。

接连几次的交战之下，朱温损兵折将，刚刚到手还人心不稳的同州陷落只是时间的问题。正在同州前线督战的朱温苦苦等待着黄巢大军的救援,殊不知老大哥黄巢根本不知道同州已经到了如此绝境,因为朱温的救命书信尽数都被另一位黄巢骁将——孟楷扣下。

不过,就算黄巢知道朱温的窘迫,只怕也无力救援,因为此时就连黄巢自己也陷入唐军的重重包围中,突围与反突围之间的来回绞杀让刚刚建国称帝的黄巢举步维艰。

> 帝时与之邻封,屡为重荣所败,遂请济师于巢。表章十上,为伪左军使孟楷所蔽,不达。又闻巢军势蹙,诸校离心,帝知其必败。九月,帝遂与左右定计,斩伪监军使严实,举郡降于重荣。
>
> ——《旧五代史·朱温本纪》

朱温可没有黄巢革命到底的决心,既然黄巢已经靠不住,还不如再给自己找个依靠。转变政治立场对于朱温来说并不算难,他一刀砍了黄巢派来的监军严实,然后飞速联系昨天还打得你死我活的河中节度使王重荣,并带着同州这一见面礼迅速完成了转变,朝夕之间便成了大唐正三品的高阶武将(左金吾卫大将军)。

大概是太久没有听到这样的好消息了,正在蜀中避祸的李儇听到朱温投诚的消息后笑得合不拢嘴,意犹未尽的陛下甚至把朱温的名字改成了朱全忠。

全忠是个好名字,朱温用他的往后余生给李儇狠狠扇了一记响亮的耳光。

> 重荣即日飞章上奏。时僖宗在蜀,览表而喜曰:"是天赐予也!"乃诏授帝左金吾卫大将军,充河中行营副招讨使。仍赐名全忠。
> ——《旧五代史·朱温本纪》

那时候的朱温才三十岁出头,却已经初见峥嵘。

不知是不是为了证明自己的忠心,朱温拨乱反正后很自然地融入唐军阵营,并对曾和自己一起吃肉喝酒的兄弟们大开杀戒,曾经的感情有多好,现在的砍杀就有多疯狂,用史书上的原话来说就是"所向无不克捷"。

朱温的英勇表现赢得了大唐自上而下的认可,"汴州刺史""宣武军节度使"等一个又一个沉甸甸的官衔都被加到了朱温的头上,和跟着黄巢混时前途难料不一样的是,现在的朱温有名有编,绝对称得上是大唐帝国数得上名号的青年将星,前途不可限量。

中和四年(884年),屡屡受挫的黄巢在围攻陈州失利后率军直扑朱温镇守的汴州,自知难以对抗的朱温向河东节度使李克用发出了求援书信。

这原本是大唐强藩节度使们之间的相互救援,却不承想一场好事最终险些酿成悲剧,更导致朱温和李克用此后不死不休的攻伐。

三

必须在这里简单介绍一下李克用的相关信息,固然朱温的人生经历已经足够精彩,朱温的军事能力也堪称当世的佼佼者,但是和李克用相比,那朱温又有些不够看了。

李克用本是出身沙陀的军事贵族,他有很多外号,如因为作战骁勇被称为"李鸦儿",又因为每每出战必一马当先而被称为"飞虎子"。

和朱温先做流氓后洗白的履历不一样的是,李克用青年时便随父出征,替大唐南征北战,在平定黄巢之乱过程中堪称首功。更重要的是,李克用的沙陀骑兵战斗力很强,强到谁都打不过的黄巢在遇到李克用后也只有兵败如山倒的宿命。

李克用在接到朱温的求救书信后,二话不说便率军出征,稳定发挥的李克用果然成功地瓦解了陈州之围,面对救命恩人的朱温则大摆筵席犒劳李克用大军。

但问题就出在了这场犒劳酒宴上……

这场被称为上源驿之变的历史事件起因很简单:在给救命恩人李克用的犒军酒宴上,朱温因不满李克用酒后出言不逊,直接萌生了杀人的念头,而毫无准备的李克用险些因此丧命,九死一生才逃出生天。

> 既而备犒宴之礼,克用乘醉任气,帝不平之。是夜,命甲士围而攻之。会大雨雷电,克用因得于电光中逾垣遁去,惟杀其部下数百人而已。
>
> ——《旧五代史·朱温本纪》

上源驿之变的结果不算太糟糕,毕竟没有造成十分严重的后果,在李儇的调停之下,李克用和朱温之间表面言和,但其实这两位都在内心将对方视为死敌,即便是后来唐朝灭亡,李克用在临终前还以三箭之约勉励自己的继承人李存勖:杀了朱温,你老子我才能瞑目……

中和四年（884年）六月，被李克用暴锤的黄巢兵败身死，但一个名为秦宗权的黄巢旧部以残忍不亚于老大哥的暴虐，在蔡州称帝。对于秦宗权的暴虐，史书上有这样一段话来形容：

> 西至关内、东极青、齐，南出江淮，北至卫滑，鱼烂鸟散，人烟断绝，荆榛蔽野。

如果摊开大唐的地图就会知道，这就是所谓的"赤地千里"。但秦宗权的野心还远不止于此，想要问鼎天下必取中原，而作为中原地区最重要的城池——汴州（今开封）成了秦宗权接下来的战略重心。

此时，镇守汴州城的朱温当然也知道秦宗权的野心，面对数倍于自己的敌军，朱温知道自己的危机，同时也知道自己继续壮大的契机到了。

秦宗权其实并非是一位合格的领袖型人物，更不是一位有能力的统帅，之所以能够流毒千里只是因为大唐军心涣散，各镇的军阀各怀鬼胎，甚至作壁上观，加之秦宗权暴虐成性，手下流民太多，往往在攻城略地之际，秦宗权通常都是以数倍于守城者的兵力，无视城防、不用智谋、单纯死磕。

对于一般人来说，秦宗权的"无赖打法"可以行得通，但当遇到城高粮多的汴州城，再碰上颇有手段的朱温时，秦宗权这套一直以来所向披靡的运动战法就完全吃不开了。

唐光启三年（887年），作为唐平秦宗权蔡州之战的最高指挥官，朱温率领宣武军、天平军、泰宁军、义成军等四镇兵马，向盘踞蔡州的秦宗权发起了终极一战，秦宗权随之卒。

唐平秦宗权蔡州之战是朱温第一次指挥如此之多的军士，更重要的是，这场战役将朱温的政治地位推上了新的高度，被封为东平王。他在此后数年间接连消灭盘踞兖州和郓州的军阀势力，不过这样的战斗基本都可以看作地方军阀之间的兼并战，毕竟此时已经沦为摆设的李晔早就失去了节制的能力，他除了苦笑着看着这些名义上的臣子一步步坐大之外，已经别无他法。

不过有意思的地方也在这里，翻开皇皇史册，我们会发现一个隐藏在字里行间的细节：大概是土匪出身的原因，朱温和那些职业军人出身的军阀往往相处都不融洽，自尊心极强的朱温经常会因为对方言语轻慢而心怀杀机，哪怕曾经关系很好，也不妨碍朱温和他们兵戎相见。上源驿之变中对救命恩人李克用是这样（"克用乘醉任气，帝不平之"），平定兖郓中对昔年战友朱瑄、朱瑾也是如此（"朱瑄来词不逊，乃命朱珍侵曹伐濮，以惩其奸"）。

四

地方军阀不断混战，刚刚即位的唐昭宗李晔也在苦思冥想自己的生路。

李晔的思路是很清晰的，一定要有一支完全掌握在自己手里的军队，然后靠着这支军队消灭军阀，最终重新实现江山一统。说干就干的李晔将目光锁定在了两个人身上：一是当时的西川话事人陈敬瑄；二是河东节度使李克用。

挑这两个人下手都是有原因的。陈敬瑄是李儇执政时期第一权宦田令孜的哥哥，而李晔最讨厌的就是田令孜，靠着田令孜上位的陈敬瑄自然也无法幸免；至于李克用则有些落井下石的意味了，当时的李克用被朱温新败于河阳，再加之李克用可以称得上是当时第一强藩，如果能痛打落水狗的话，天下藩镇必定为之胆寒。

无论是陈敬瑄还是李克用，李晔最终都没有消灭，反而导致李唐皇室彻底失去了威信。

失去里子的结果就是皇室表面的威严也将不复存在，军阀们虽然早已各行其是，但对于远在长安的李晔基本还保有表面的尊重，至少还没有出现当众羞辱皇帝陛下的举动。但随着李晔军事行动的失败，皇室威信事实沦丧以后，第一个公然打脸李晔的军阀出现了，此人便是李茂贞。

作为距离京畿最近的军阀，割据凤翔、陇右等地的陇西郡王李茂贞也开始动起了自己的歪心思。曾几何时，李茂贞还是护卫皇室有功的大唐功臣，为唐僖宗赐姓名为李茂贞、字正臣。

和朱全忠一样，李正臣也用往后余生狠狠地羞辱了已经作古的李儇。

李茂贞和唐昭宗之间的矛盾开端，缘于已经心存不臣之心的李茂贞在给朝廷的书信中出言不逊，字里行间的羞辱让本就心情郁闷的李晔勃然大怒。李茂贞恶心人的本事很高，尤其是那句"未审乘舆播越，自此何之"，成了击垮李晔的最后一根稻草。

气到发狂的李晔在什么都没准备好的情况下，带着最后的一点儿家底，于景福二年（893年）对李茂贞发起了进攻。

不过，弱者的愤怒不仅毫无价值，甚至还带着滑天下之大稽的讽刺意味。毫无悬念的结果，李晔惨败，再无血性的他从此彻底沦为颠沛流离的傀儡,被军阀欺弄,被宦官软禁,直到天复三年(903年)被朱温抢到手,他的生命也进入了倒计时,那个曾经万邦来朝的大唐也进入了倒计时。

天祐元年(904年)的一个深夜,得到朱温授意的蒋玄晖、史太等人率众夜闯禁宫,从醉梦中惊醒的李晔穿着单衣,在宫殿中绕柱惊慌躲避,但最终还是倒在了蒋玄晖的屠刀之下,时年三十七岁。

帝方醉,遽起,单衣绕柱走,史太追而弑之。

——《资治通鉴·唐纪八十一》

李晔的死对于当时的天下而言,已经不算什么天下轰动的事情了,所有人都心照不宣地跨过了"唐"的纪元,所有有实力问鼎天下的军阀们开始紧锣密鼓地着手建立一个新的王朝。

李晔死后的一年,在麾下谋士李振的坚持下,朱温下令于滑州白马驿当众诛杀唐室公卿文武三十余人,直接抛尸黄河水中。至此大唐只剩下唐哀帝李柷一人还勉强带着唐的标签,余者已经尽数不复大唐气息矣。

李晔死后的第三年,迫不及待的朱温一脚踢开自己拥立的唐哀帝李柷,正式篡唐称帝,五代十国中疆域最小的第一个帝国——后梁由此诞生。

五

虽然没有刘邦、朱元璋这样的草根开国皇帝的含金量高,但土匪出身的朱温也名义上建立了一个帝国,不过后梁并未能延续太久,满打满算也只有十六年的国祚,而这十六年里真正属于朱温的时代,也只有短短五年而已。

后梁太祖乾化二年(912年)的一个深夜,朱温次子朱友珪带着一众甲士夜闯禁宫,从睡梦中惊醒的朱温穿着单衣,在宫殿中绕柱惊慌躲避,但最终还是倒在了朱友珪的屠刀之下,时年六十岁。

> 友珪亲吏冯廷谔以剑犯太祖,太祖旋柱而走,剑击柱者三,太祖惫,仆于床,廷谔以剑中之,洞其腹,肠胃皆流。
>
> ——《新五代史·梁家人传》

都说人在死亡之前会短暂回顾自己的一生,那么朱温会想些什么呢?是想起自己那被人厌弃的少年时代,还是会想起自己的戎马半生呢?

不知道朱温会不会想起八年前的那个深夜,会不会想起那个也曾穿着单衣,惊慌失措,在宫殿大柱后面躲闪屠刀,却最终还是倒在血泊中的唐昭宗。只是当时的朱温,是手握屠刀、志得意满的加害者;而眼下的朱温,是难以招架、死于非命的被害者……

李存勖

五代十国差点被我统一了

后梁开平二年（908年），也就是朱温篡唐自立后的第二年，他的最大对手——依然以唐臣自居的晋王李克用病入膏肓，这位让朱温寝食难安的河东大敌在漫长的争雄时间里，几乎都稳稳地压制着朱温。

但英雄也有迟暮时，一代枭雄李克用终于还是走到了人生尽头，曾铁血纵横数十载的他纵然是临别之际，也充满了名将才有的一抹悲壮。

相传李克用将三支箭矢交到儿子李存勖的手中，并认真叮嘱道："一支箭就代表着我的一个夙愿，你若三个都能完成，那我黄泉有知也死而无憾了。"

李克用的三个愿望分别是杀朱温灭后梁、杀幽州刘仁恭、击败契丹。从当时的局面来看，李克用大概也只是把这三个夙愿当成遗恨，毕竟自从养子李存孝背叛自己后，李克用所领导的晋军在战场上的表现便开始弱于朱温的梁军。

世言晋王之将终也，以三矢赐庄宗而告之曰："梁，吾仇也；

> 燕王，吾所立；契丹与吾约为兄弟，而皆背晋以归梁。此三者，吾遗恨也。与尔三矢，尔其无忘乃父之志！"
>
> ——《新五代史·伶官传》

不过，让李克用没有想到的是，让他不放心的李存勖不仅迅速全面掌控局面，而且在短短十数年间不折不扣地完成了父亲的临终遗愿。在那个混乱的五代十国时代，李存勖所领导的后唐更是一度让当时人觉得分裂的江山即将重新统一。

但就在所有人开始期待的时候，这位被称为五代领域无盛于此者的五代第一雄主却在一帮唱戏伶人策划的宫廷政变中草草收场，成了漫长历史中的一桩意难平。

凄凉的结局让李存勖的主角光环暗淡了几分，以至于后世人甚至连这位皇帝的名字都叫不出来了，但如果回到那个战火连天的五代时期，你会发现李存勖是那个混乱时代里最耀眼的存在，没有之一。

一

北宋文学大家苏辙曾这样评价李存勖："五代用兵，未有神速若此者也。"

将李存勖称为"五代第一雄主"并非夸大其词，和寻常乱世之人浑浑噩噩不一样的是，出生在当时最强军阀家族中的李存勖，从降生之日起便已经站在了无数人终其一生都无法企及的位置上。

李存勖的父亲是大名鼎鼎的晋王李克用，作为唐末最强的帝国神剑，李克用率领他的沙陀铁骑一路冲锋陷阵、过关斩将，于混沌乱世里建立起无人可以比肩的赫赫军功。

无论是让唐帝国实质毁于一旦的黄巢起义，还是令唐昭宗闻名色变的岐王李茂贞，甚至是最终窃取神器的后梁朱温，基本都是李克用的手下败将。李克用的儿子很多，但并非正妻所生的李存勖却能够从那么多儿子中脱颖而出，得到李克用的赏识，这已经足见李存勖的优秀了。

和寻常将门虎子不一样的是，李存勖还是个德、智、体、美、劳全面发展的好孩子。他没有像义兄李存孝般成为只知道阵前冲杀的无谋骁将，自幼就通读《春秋》的他不仅精于文墨，而且在歌、舞、词、乐方面极具造诣，但也正是这在当时看来算优点的特长，也成了他霸业中道付诸流水的根本原因。

名人背书是时代的传统，当初年少的李克用刚出道时就因为作战英勇，总是冲锋在前而先后喜提"李鸦儿""飞虎子""独眼龙"等不明觉厉的外号。而青出于蓝的李存勖则在十一岁随父入宫时，被唐昭宗李晔一眼看中，救国无能但看人很准的李晔摸着李存勖的后背说了一句"此子可亚其父"，因而得名"李亚子"。

不管李晔说这话是为了勉励后辈，还是随口一说，但从李存勖后来的人生走向来看，他确实对得起"李亚子"这个名字，他所达成的成就也远远超过了那位戎马峥嵘数十载的父亲李克用。

大概是因为李存勖痴迷戏曲终致亡国，后世人在评价李存勖时基本都会将其描述成一个有勇无谋、心无成算、骄奢淫逸的君王，但事实上李存勖至少在他绝大多数的人生岁月里，都保持着高度的清醒和难得的冷静。

这样的清醒和冷静从李存勖年少时期便显露出来了。

大唐由盛转衰的标志性事件是安史之乱，而安史之乱所摧毁的也不仅是盛唐气象，还有那根深蒂固于当时人们内心的君臣上下伦理。

作为安史之乱最大的流毒之一，大量无组织无纪律却又经沙场的乱兵集团频繁活跃，并采用非常诡异的下克上的组织架构。

清代史学家赵翼在《廿二史札记》中这样说道：

> 秦汉六朝以来，有叛将，无叛兵。至唐中叶以后，则方镇兵变，比比而是。

赵翼精准切中了唐中后期的军队难题。安史之乱后，大唐出现士兵哗变的频率很高，作为军队统领的将军反而被手下的士兵要挟，不得已听从士兵的命令，甚至不得不答应士兵的无理要求，最极端的甚至直接因此步入歧途。

下克上说起来比较抽象，举一个最具有代表性意义的例子——发生在唐建中四年（783年）的泾原兵变。

泾原兵变的大致过程如下：唐德宗李适为了平定淮西节度使李希烈之乱，调动各路兵马，其中就包括泾原节度使姚令言所领导的五千兵卒。背井离乡来平乱的泾原军没有得到心理预期的赏赐，直接在长安城中哗变，姚令言在苦劝无果后最终还是跟随一众哗变士兵在长安城中烧杀抢掠。不仅如此，哗变士兵甚至找到了赋闲在家的太尉朱泚，推举他为皇帝。这场哗变直接被定性为大逆不道的造反恶性事件。

泾原兵变的后果也很严重，李适出逃至奉天，本就颜面扫地的李唐皇室更是彻底沦为天下人心中的笑话。

泾原兵变只是中唐以后混乱世道的缩影之一，等到李克用等人活跃在历史舞台上的时候,已经是晚唐光景,浊浊乱世更是不言自明。而当时的李克用同样也面对着数十年前泾原节度使姚令言的难题。

二

若论战斗力,沙陀铁骑足以称为当时第一。而李克用也正是凭借着沙陀铁骑才得以达成"破贼迎銮,功居第一"的成就,所以当手下的兵卒们仗着功勋开始作奸犯科、奸淫掳掠的时候,作为长官的李克用直接选择了睁一只眼、闭一只眼。

用史学家赵翼的说法:为将者心怀不轨,所以手下的兵士才上行下效。而当看到手下兵士越发骄纵的时候,为将者因害怕士兵哗变,又需要士兵卖命,只能靠着越来越多的恩宠和赏赐来维系这将与兵之间的微妙平衡。但这是死循环,因为这会导致士兵胃口越来越大。

> 为之帅者,既虑其变而为肘腋之患;又欲结其心以为爪牙之助,遂不敢制以威令,而徒恃厚其恩施,此骄兵之所以益横也。
> ——《廿二史札记》

但年少的李存勖却早早看清这一症结,在所有人都三缄其口的时候,李存勖却敢直言不讳地提醒父亲要节制手下将士,这大概也就是为什么李克用所领导的晋军能够长久保证战斗力傲视天下的原因。

考验一位领袖,除了领导的艺术之外,更重要的是高于其他争雄者的眼界和判断力。曹操曾在青梅煮酒论英雄中对体量远大于自己的袁绍嗤之以鼻,正是因为他知道袁绍是个"干大事而惜身,见小利而忘命"的鼠目寸光之辈。

同样在格局这方面，李存勖的表现也比父亲李克用要亮眼许多。作为唐末争霸最重要的两大势力——晋王李克用与梁王朱温打了十数年，当在作为大本营的太原城先后两度被朱温围攻之际，强如李克用这样的当世豪杰也陷入了忧愤和自我怀疑。

但李存勖此时却给深深忧虑中的父亲说了这样一段话："我李氏三代忠臣，纵然最终力有不逮，也无愧于心。如今不过是有小败，只需韬光养晦，静静等待朱温这一乱臣贼子自乱阵脚，到时候必能再度复兴，何必眼下自怨自艾、垂头丧气呢？"

李存勖的话给李克用打了一针强心剂，即便是后来在战场上再有失利，史料之中也再无李克用心生气馁的记载。

唐天祐四年（907年），经过"闯宫弑帝""白马驿之祸"等一系列简单粗暴的血腥准备后，朱温终于压抑不住内心的冲动，一把将唐哀帝李柷拉下龙椅，然后悍然称帝。

身为朱温死敌的李克用则继续沿用天祐年号，但心里不好受的他并没有撑太久，一年以后便直接撒手人寰，把陷入风雨飘摇之中的晋地传给了李存勖。

从当时的处境来看，成为晋军话事人的李存勖应该没有当一把手的快乐，相反，他的危机很快接踵而来。

李克用终其一生都没有称帝，即便他已经与事实上的皇帝没什么区别，所以当他将基业交到儿子李存勖手上的时候，跟着李克用打天下的一众宗亲大臣都是不服气的，而这之中就包括叔父李克宁、义兄弟李存颢、李存实等人。

李克宁在晋军中的地位很高，李克用尚在世时军国大事都是交给李克宁来处理的，就连李存勖即位为晋王也都事先向李克宁服软，得到对方拥戴的认可后才敢为之。所以当面对要造反的李克宁，李存勖的压力可想而知。

不过李克宁之祸最终还是被扼杀在萌芽之中，李存勖巧借与李克宁有嫌隙的臣子，以两方相杀的方式，兵不血刃地化解了这场可能危及晋军根本的危机。

更重要的是，李存勖自始至终都扮演着顾念血肉亲情的仁慈形象，甚至摆出一副要退位让贤的姿态，这使得因为内耗而有些人心浮动的晋军迅速稳定下来，所有人都明白了一个事实：

李克用的时代已经过去，李存勖的时代即将到来！

三

处理完内部危机后，李存勖的目光落在了一座名为潞州的城池上。潞州本为朱温的领土，李克用曾趁着朱温用兵沧州之际，将守备空虚的潞州纳入囊中，而腾出手来的朱温也在第一时间掉转枪头，将潞州团团围住，潞州之围足足打了近一年，直到李克用病故都未曾解围。

新君即位后树立威信最好的办法，莫过于打一场漂亮的胜仗，对于以军功立世的李氏后人来说更是如此，力排众议的李存勖第一次在史书上留下自己纵马沙场的身影，他先是以骄兵假象迷惑前来督战的梁帝朱温先撤，而后亲率大军驰援潞州，一战得胜，晋军大振，天下大震。

晋军的胜利多半都来源于李存勖，其在战场上的表现也丝毫不像是一个只知道喊打喊杀的无脑猛将，而是一个有勇有谋、足可以指挥千军万马的优秀统帅。

当听到自己本以为唾手可得的潞州，居然被那个自己看不起的黄口小儿给解围的时候，朱温在大惊失色后喟然长叹，说了一句绝望的话："生子当如李亚子，有这样的儿子在，李克用虽死犹生。相比之下，我的儿子们简直各个都如猪狗一般。"

> 帝闻夹寨不守，大惊，既而叹曰："生子当如李亚子，克用为不亡矣！至如吾儿，豚犬耳！"
>
> ——《资治通鉴·后梁纪一》

从潞州之围到柏乡之战，李存勖用这两场亲自率领的重大胜利，向所有的争雄者宣告了自己的存在。不仅如此，这两场对梁用兵的重大胜利也一扫晋军的颓势，曾一度见到梁军便心生胆怯的晋军已经消失，那个曾经战无不胜、攻无不克、所向披靡的晋军在李存勖的指挥下，又回来了！

朱温是绝望的，因为柏乡之战爆发时已经是后梁开平四年（910年），只剩下两年寿命的他不得不接受身体大不如从前的现实，他惊恐于李存勖攻城拔寨的速度，却也只能眼睁睁看着自己耕耘数十载才打下的江山被迅速蚕食，脱离自己的控制。

曾几何时，朱温还是李存勖口中那个"九分天下有其六七"的雄主，转眼之间梁国就精锐尽失，而原本归心于自己的河北之地也已经在李存勖的强大攻势下危如累卵。

人生最后的两年里，朱温都活在被李存勖支配的恐惧里，而李存勖则有条不紊地按照父亲临终前的三箭之约，从征河北平定桀燕政权，将背叛李克用的刘仁恭父子献祭于李克用灵前。

在平定河北的过程中发生了很多事，其中最重要的便是深知唇亡齿寒的朱温曾亲率大军救援桀燕政权，却反而被李存勖击溃。羞愤难当的朱温在败军之际病入膏肓，回国之后没多久又由于继承人问题处理不当，被如同猪狗的儿子朱友珪逼宫弑帝，这个五代十国第一个吃螃蟹称帝的人就这么草草地领了盒饭。

朱温早早谢幕成了李存勖心中的遗憾，十一年后李存勖消灭后梁政权时，因为臣属劝说没能将朱温掘坟戮尸，和刘仁恭一样献祭于父亲灵前，这是李存勖的一大憾事。

作为三箭之约的最后一项——败契丹，骁勇善战的李存勖抽空完成了。

称帝的前一年，李存勖亲率五千骑兵北上，面对数倍于自己且战斗力傲人的契丹骑兵毫无惧色，反而是驰骋草原的契丹人在看到李存勖部后惊慌不已。两军交战，契丹一败再败，晋军长驱数十里，打得契丹再无南下之心，这才引军回师。

平河北，败契丹，定后唐，灭前蜀，吞并岐国（李茂贞领地），达成其中任何一个成就都足以青史留名，但二十三岁才接班的李存勖却仅仅只花了十六年的时间就做到了，而完成这一切的时候，李存勖才三十九岁，正值一位帝王最年富力强的时候。

如果一切发展顺利的话，李存勖重新建立起一个大一统的帝国并不是天方夜谭，重回大唐——这在当时人看来已经是可以预见、即将实现的事情了。

当然，我是说如果。

而历史没有如果。

四

唐天祐二十年（923年），李存勖于魏州称帝，改元同光。

称帝的第一年，李存勖生擒后梁最后一位名将王彦章，并于当年十月初九从大梁门进入汴州，那里曾是朱温发迹的地方，也是压垮梁帝朱友贞的最后一根稻草。而随着朱友贞自杀，守将开城投降，后梁宣告灭亡。

称帝的第二年，作为和李克用、朱温同时代的岐王李茂贞，眼见后梁灭国，惶惶不得终日的他上表称臣，岐国不复存在。

称帝的第三年，李存勖不避山高水险，以六万大军讨伐前蜀，所遇关隘城池或破或降，仅仅三个月时间，前蜀末帝王衍携棺出降，前蜀宣告灭亡。

称帝的第四年，士兵哗变，河北大乱。李存勖派去平叛的义兄李嗣源同样遇到了下克上的黑天鹅事件，被哗变亲兵裹挟入城的他眼见谋反嫌疑无法洗清，便直接一不做二不休，率军攻陷汴州。

本欲御驾亲征、坐镇汴州平乱的李存勖明白大势已去，他的义兄得到了大部分唐军的认可，跟随自己平叛的士兵也不断有人沿途逃逸，惊慌失措的李存勖失魂落魄地回到了洛阳。

在惊魂未定之际，平日里深受宠爱的伶人郭从谦却出其不意地发动了宫廷政变，寡不敌众的李存勖率领仅存的亲卫迎战叛军，并在击杀数百余人后身中流矢而亡。

一切都来得太突然，又好像一切都在情理之中。

那个曾矢志匡扶社稷的少年李存勖，在一次次的胜利中渐渐迷失了本心，忘记了自己的使命，终日与戏子伶人为伍，甚至以"李天下"的名字厮混于优伶之间。

在毫无察觉的日日夜夜里，曾互为肝胆的将帅、曾虚心纳谏的公卿、曾立誓守护的子民，都在不知不觉间与李存勖渐行渐远，等回过神来已经是他身中流矢，跌坐于皇宫绛霄殿廊下，奄奄一息的时候了。

> 帝御亲军格斗，杀乱兵数百。俄而帝为流矢所中，亭午，崩于绛霄殿之庑下，时年四十三。
>
> ——《旧五代史·李存勖本纪》

耳畔是杀声震天的叛军呐喊，眼前是四散奔逃的宫人，定格在生命里最后一刻的居然是这样的画面，这大概是对英雄豪杰一辈子的李存勖的最大羞辱吧。

李存勖临终时没有留下只言片语，他的身边也只剩下王全斌、符彦卿等十几位忠臣相伴；而在李存勖死后，名为善友的伶人将乐器堆于其尸身上，并付之一炬，免于这位雄主死后受辱。

欧阳修在《新五代史·伶官传序》中为李存勖的一生做了这样的总结：

> 故方其盛也，举天下豪杰，莫能与之争；及其衰也，数十伶人困之，而身死国灭，为天下笑。

无人知道英雄末路时到底在想什么，是感慨自己的鸿图霸业终归尘土,还是自责自己懈怠政务酿成大祸呢?

大抵也是我的一厢情愿,我更愿意这样的人物临终之际是洒脱的。如同李存勖的那首传世之词《忆仙姿·曾宴桃源深洞》,这首词的末尾一句是这样写的:

> 如梦!如梦!残月落花烟重。

一切恍然如梦,梦醒归入尘土。隔着千载光阴,透过史料的记载,这场燃烧于千年前的洛阳皇宫大火仿佛此刻就在我们的面前燃起……